Dataloggbok for sportsskyting

Denne boken tilhører:

Denne førsteklasses, praktiske og brukervennlige sportsskytedataloggboken med et moderne og førsteklasses omslagsdesign for skyttere, skyttere, skyttere, skyttere er profesjonelt utformet for å hjelpe deg med å holde en detaljert oversikt over datoer, tid, sted, skytevåpen, sikte type, ammunisjon, setedybde, fra avstand, krutt, grunning, messing, diagramsider.

Dataloggbok for sportsskyting

📅 Dato: _______________________ 🕐 Tid: _________

📍 Plassering: _______________________________________

Værforhold

☀ ☐   ⛅ ☐   🌥 ☐   🌦 ☐   🌧 ☐   🌨 ☐   🚩 ___   🌡 ___

Skytevåpen:	
Kule:	Sittedybde:
Pulver:	Korn:
Primer:	
Messing:	
Avstand:	

Generelle resultater

☐ Dårlig   ☐ Rettferdig   ☐ Flink   ☐ Utmerket

Ytterligere merknader

____

____

____

☆ ☆ ☆ ☆ ☆

Den perfekte gaveideen for nybegynnere og profesjonelle

Dataloggbok for sportsskyting

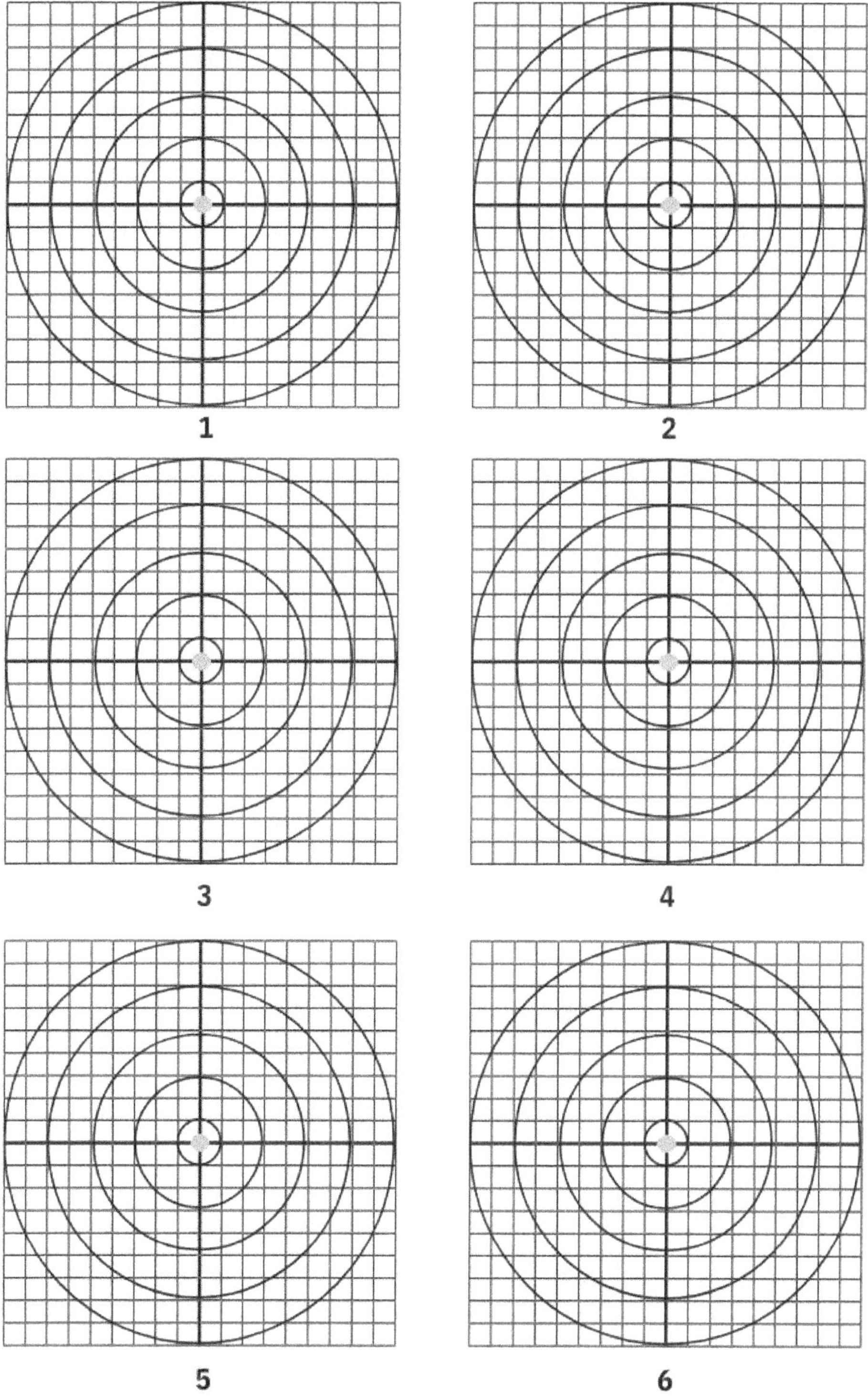

Den perfekte gaveideen for nybegynnere og profesjonelle

Dataloggbok for sportsskyting

📅 Dato: _______________________ 🕐 Tid: __________

📍 Plassering: _______________________

Værforhold

☀ ☐ ⛅ ☐ 🌤 ☐ 🌧 ☐ 🌦 ☐ 🌨 ☐ 🚩 _______ 🌡 _______

Skytevåpen:	
Kule:	Sittedybde:
Pulver:	Korn:
Primer:	
Messing:	
Avstand:	

Generelle resultater

☐ Dårlig   ☐ Rettferdig   ☐ Flink   ☐ Utmerket

Ytterligere merknader

____

____

____

☆ ☆ ☆ ☆ ☆

Den perfekte gaveideen for nybegynnere og profesjonelle

Dataloggbok for sportsskyting

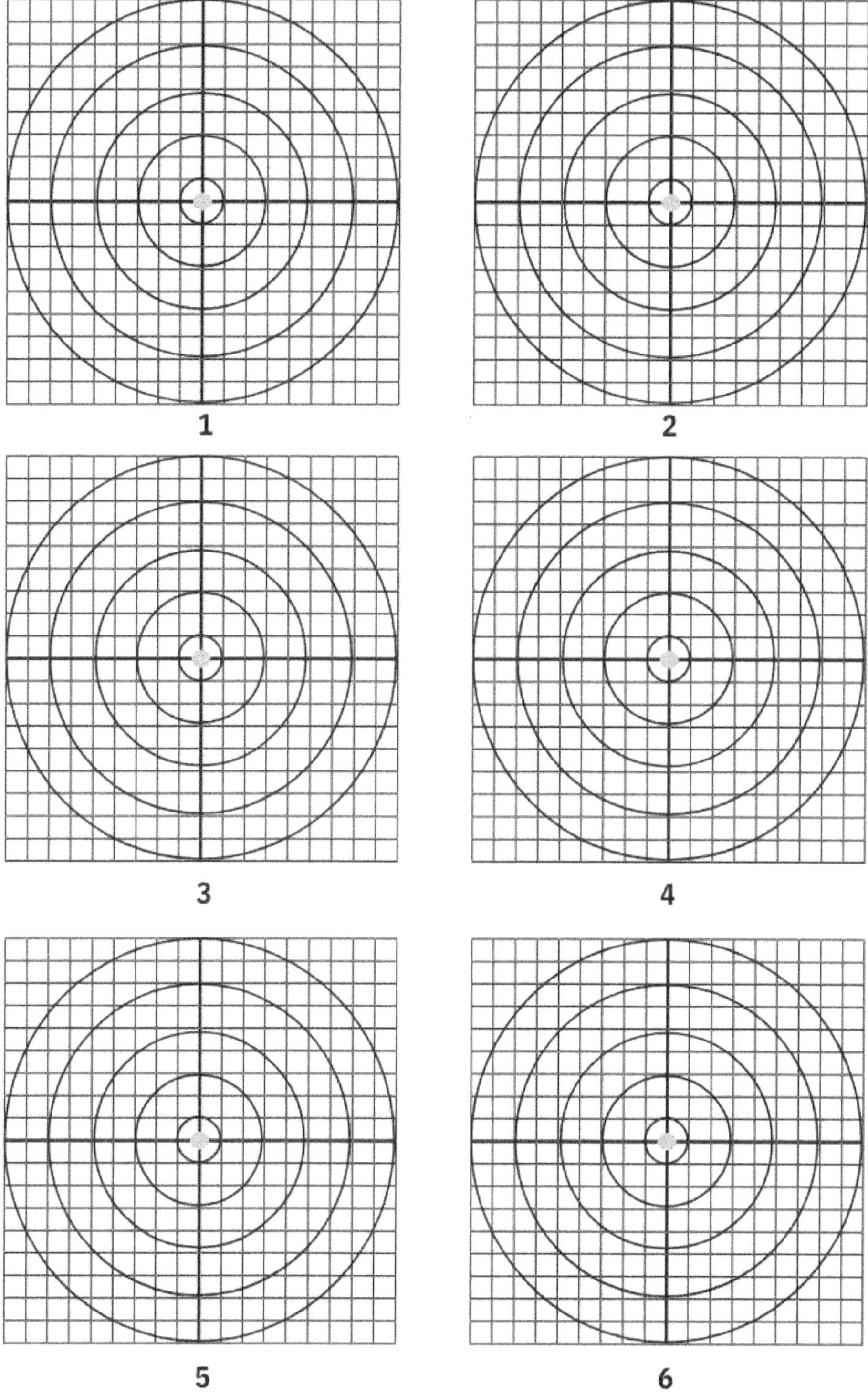

Den perfekte gaveideen for nybegynnere og profesjonelle

Dataloggbok for sportsskyting

📅 Dato: _________________________   🕐 Tid: _________

📍 Plassering: ____

Værforhold

☐   ☐   ☐   ☐   ☐   ☐   🚩 _________   🌡 _________

Skytevåpen:	
Kule:	Sittedybde:
Pulver:	Korn:
Primer:	
Messing:	
Avstand:	

Generelle resultater

☐ Dårlig   ☐ Rettferdig   ☐ Flink   ☐ Utmerket

Ytterligere merknader

____

____

____

☆ ☆ ☆ ☆ ☆

Den perfekte gaveideen for nybegynnere og profesjonelle

Dataloggbok for sportsskyting

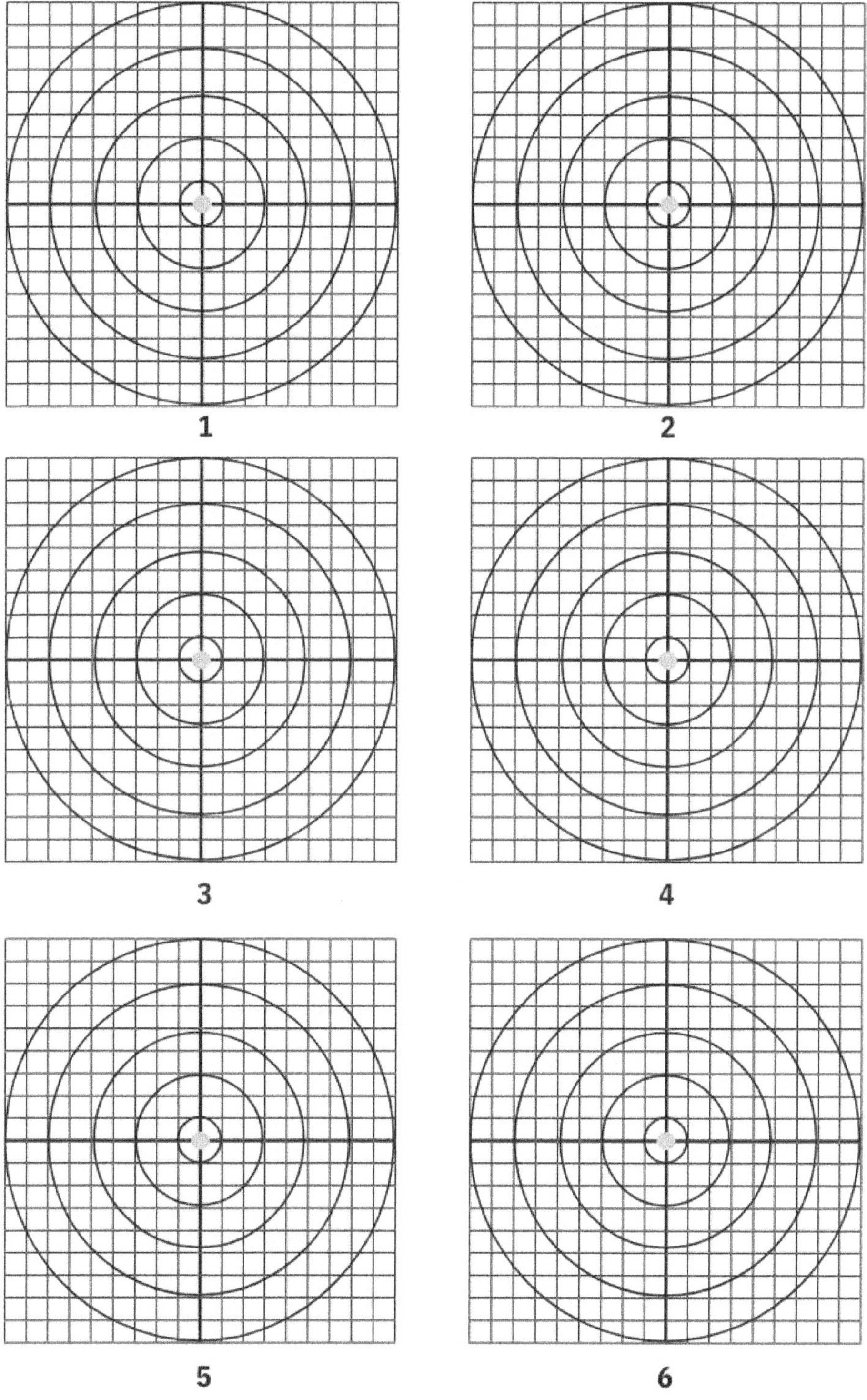

Den perfekte gaveideen for nybegynnere og profesjonelle

Dataloggbok for sportsskyting

📅 Dato: _______________   🕐 Tid: _______________

📍 Plassering: _______________________________

Værforhold

☀ ☐   ⛅ ☐   🌥 ☐   🌦 ☐   🌧 ☐   🌨 ☐   🚩 _______   🌡 _______

Skytevåpen:	
Kule:	Sittedybde:
Pulver:	Korn:
Primer:	
Messing:	
Avstand:	

Generelle resultater

☐ Dårlig   ☐ Rettferdig   ☐ Flink   ☐ Utmerket

Ytterligere merknader

____

____

☆ ☆ ☆ ☆ ☆

Den perfekte gaveideen for nybegynnere og profesjonelle

Dataloggbok for sportsskyting

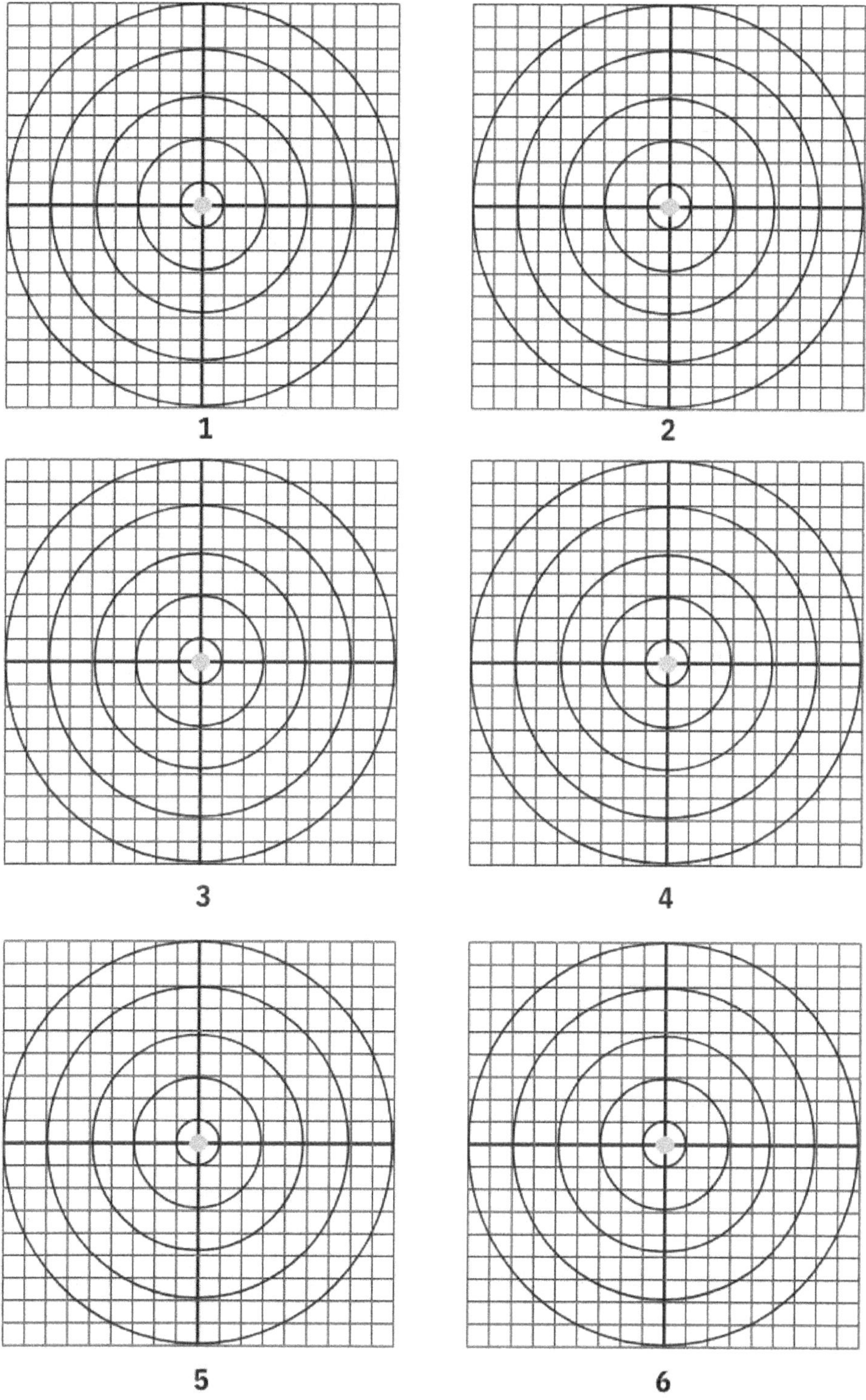

Den perfekte gaveideen for nybegynnere og profesjonelle

Dataloggbok for sportsskyting

📅 Dato: _________________________   🕐 Tid: __________

📍 Plassering: ____

Værforhold

☀ ☁ ⛅ 🌧 🌧 🌨 🚩 🌡
□   □   □   □   □   □   ___   ___

Skytevåpen:	
Kule:	Sittedybde:
Pulver:	Korn:
Primer:	
Messing:	
Avstand:	

Generelle resultater

□ Dårlig   □ Rettferdig   □ Flink   □ Utmerket

Ytterligere merknader

____

____

____

☆ ☆ ☆ ☆ ☆

Den perfekte gaveideen for nybegynnere og profesjonelle

Dataloggbok for sportsskyting

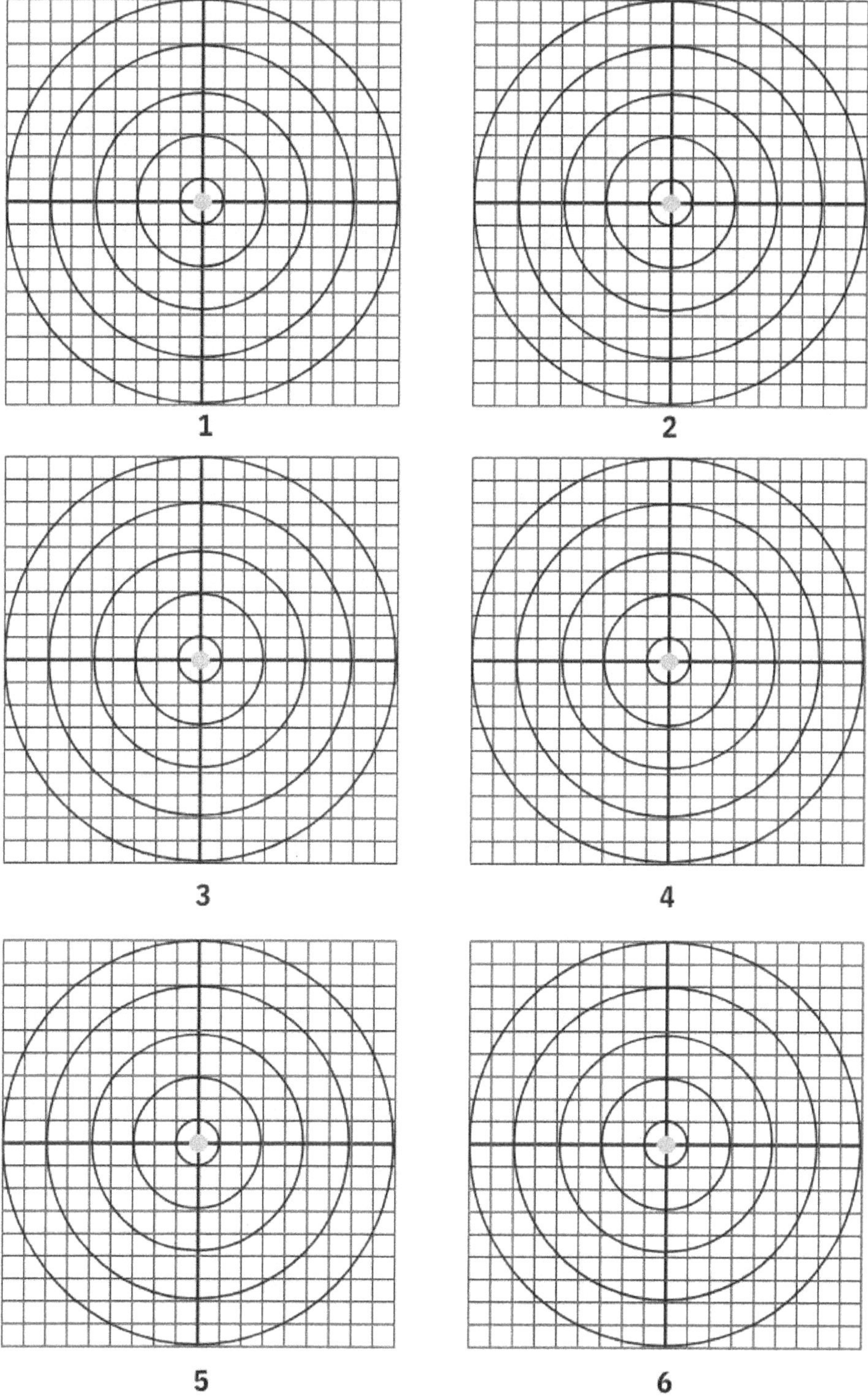

Den perfekte gaveideen for nybegynnere og profesjonelle

Dataloggbok for sportsskyting

📅 Dato: _______________________ 🕐 Tid: _____________

📍 Plassering: ____

Værforhold

☐ ☐ ☐ ☐ ☐ ☐ _______ _______

Skytevåpen:	
Kule:	Sittedybde:
Pulver:	Korn:
Primer:	
Messing:	
Avstand:	

Generelle resultater

☐ Dårlig   ☐ Rettferdig   ☐ Flink   ☐ Utmerket

Ytterligere merknader

____

____

____

☆ ☆ ☆ ☆ ☆

Den perfekte gaveideen for nybegynnere og profesjonelle

Dataloggbok for sportsskyting

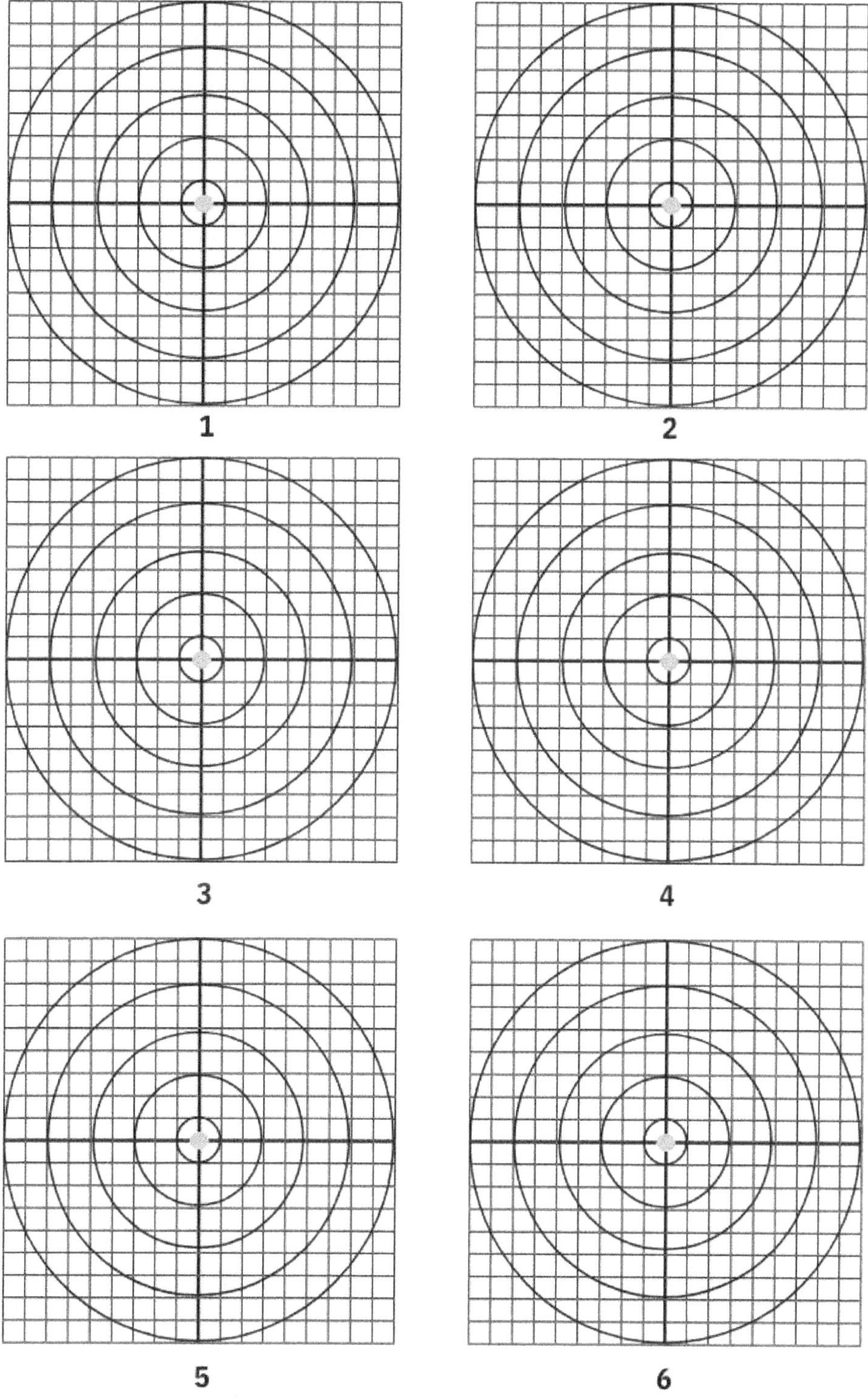

Den perfekte gaveideen for nybegynnere og profesjonelle

Dataloggbok for sportsskyting

📅 Dato: _________________________ 🕐 Tid: __________

📍 Plassering: _____________________________________

Værforhold

☐	☐	☐	☐	☐	☐		

Skytevåpen:	
Kule:	Sittedybde:
Pulver:	Korn:
Primer:	
Messing:	
Avstand:	

Generelle resultater

☐ Dårlig ☐ Rettferdig ☐ Flink ☐ Utmerket

Ytterligere merknader

____

____

____

☆ ☆ ☆ ☆ ☆

Den perfekte gaveideen for nybegynnere og profesjonelle

Dataloggbok for sportsskyting

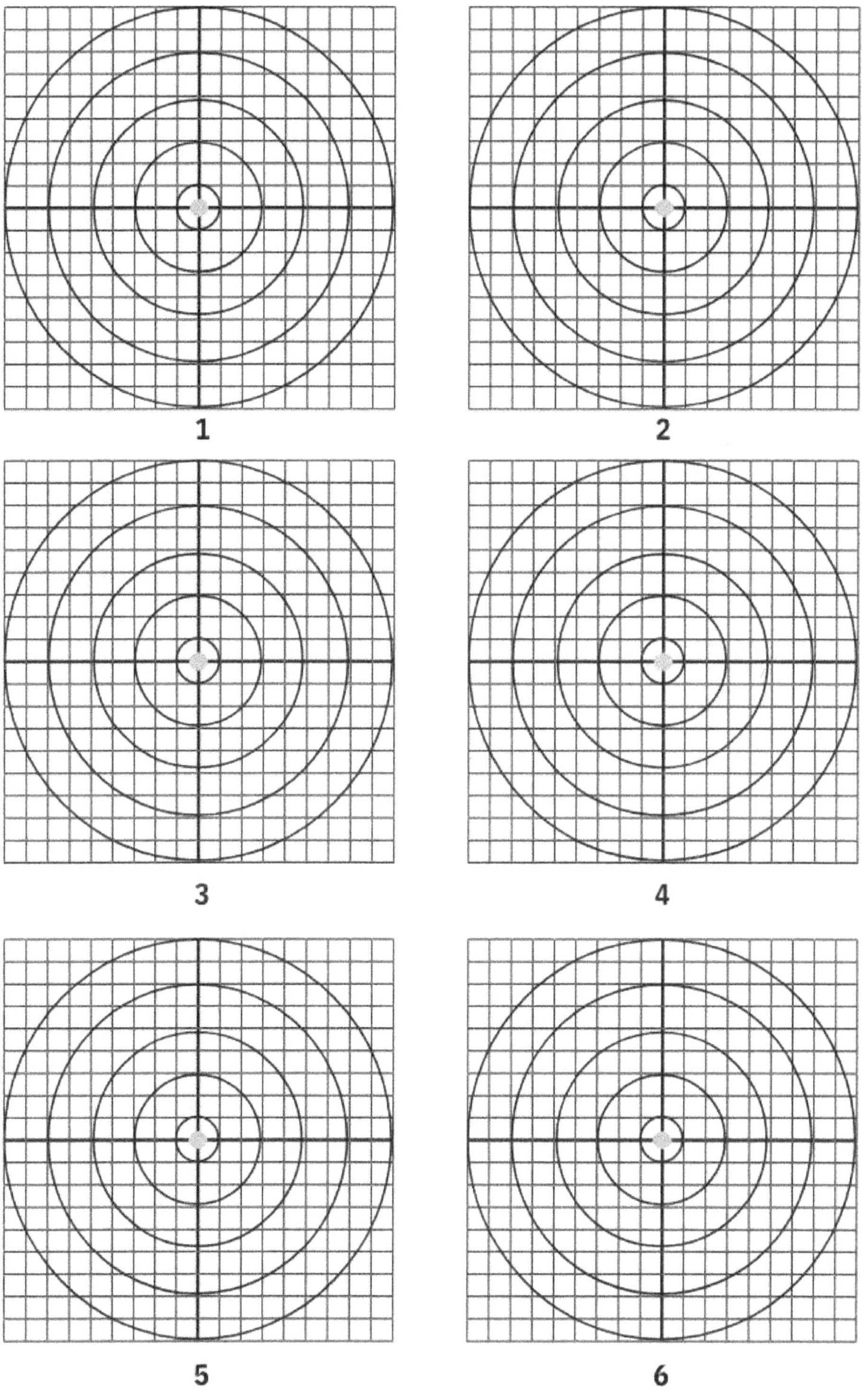

Den perfekte gaveideen for nybegynnere og profesjonelle

Dataloggbok for sportsskyting

📅 Dato: ________________ 🕐 Tid: __________

📍 Plassering: ___________________________

Værforhold

☀ ☁ ⛅ 🌧 🌧 🌨 🚩 🌡

☐ ☐ ☐ ☐ ☐ ☐ ___ ___

Skytevåpen:	
Kule:	Sittedybde:
Pulver:	Korn:
Primer:	
Messing:	
Avstand:	

Generelle resultater

☐ Dårlig   ☐ Rettferdig   ☐ Flink   ☐ Utmerket

Ytterligere merknader

____

____

____

☆ ☆ ☆ ☆ ☆

Den perfekte gaveideen for nybegynnere og profesjonelle

Dataloggbok for sportsskyting

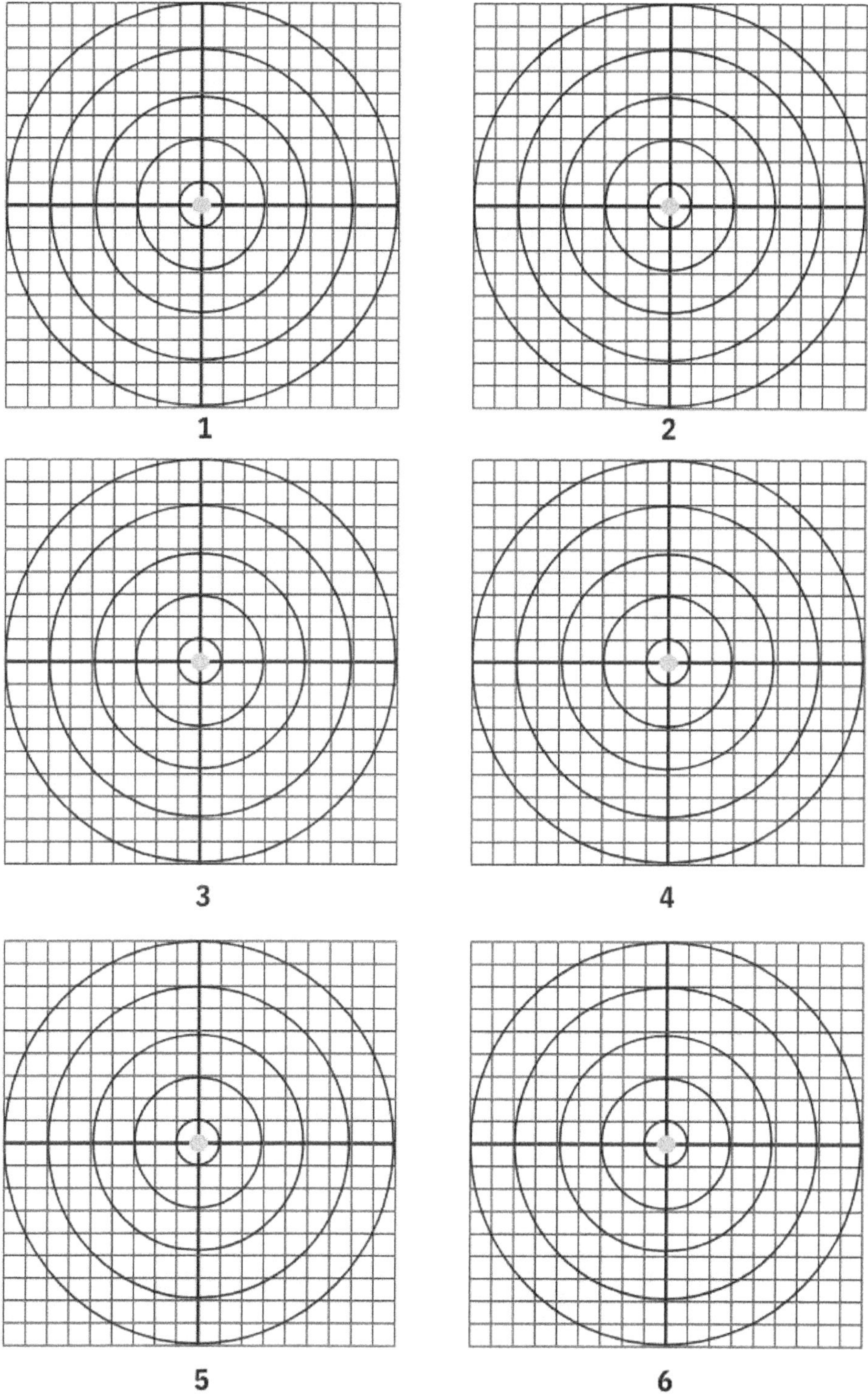

Den perfekte gaveideen for nybegynnere og profesjonelle

Dataloggbok for sportsskyting

📅 Dato: _________________   🕐 Tid: _________

📍 Plassering: _______________________________

Værforhold

☀ ☁ 🌤 🌦 🌧 🌨 🚩 🌡
☐   ☐   ☐   ☐   ☐   ☐

Skytevåpen:	
Kule:	Sittedybde:
Pulver:	Korn:
Primer:	
Messing:	
Avstand:	

Generelle resultater

☐ Dårlig   ☐ Rettferdig   ☐ Flink   ☐ Utmerket

Ytterligere merknader

____

____

____

☆ ☆ ☆ ☆ ☆

Dataloggbok for sportsskyting

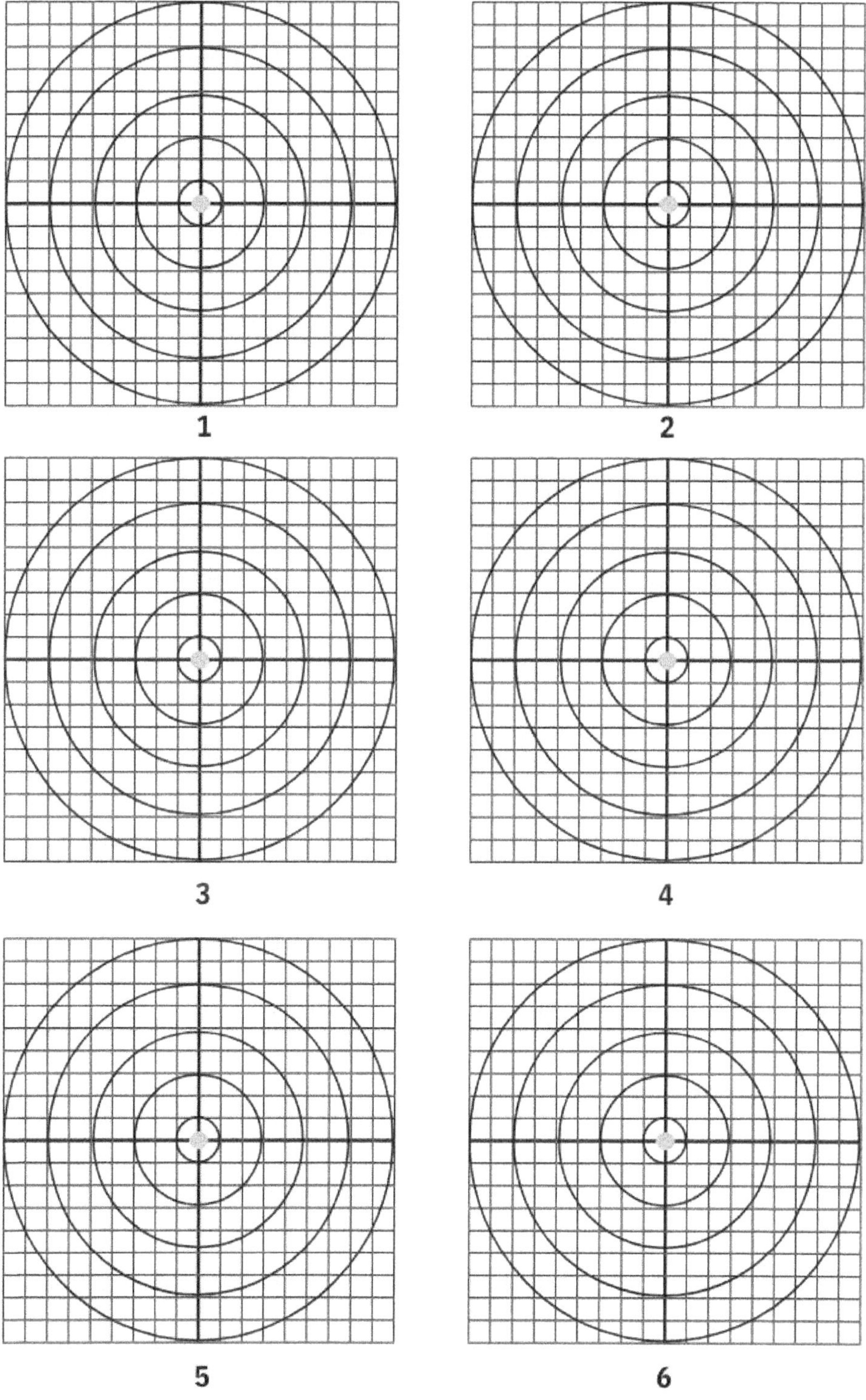

Den perfekte gaveideen for nybegynnere og profesjonelle

Dataloggbok for sportsskyting

📅 Dato: ________________________   🕐 Tid: __________

📍 Plassering: _______________________________

Værforhold

☀️ ⛅ 🌤️ ☁️ 🌧️ 🌨️ 🚩 🌡️
☐ ☐ ☐ ☐ ☐ ☐ ___ ___

Skytevåpen:	
Kule:	Sittedybde:
Pulver:	Korn:
Primer:	
Messing:	
Avstand:	

Generelle resultater

☐ Dårlig   ☐ Rettferdig   ☐ Flink   ☐ Utmerket

Ytterligere merknader

____

____

____

☆ ☆ ☆ ☆ ☆

Den perfekte gaveideen for nybegynnere og profesjonelle

Dataloggbok for sportsskyting

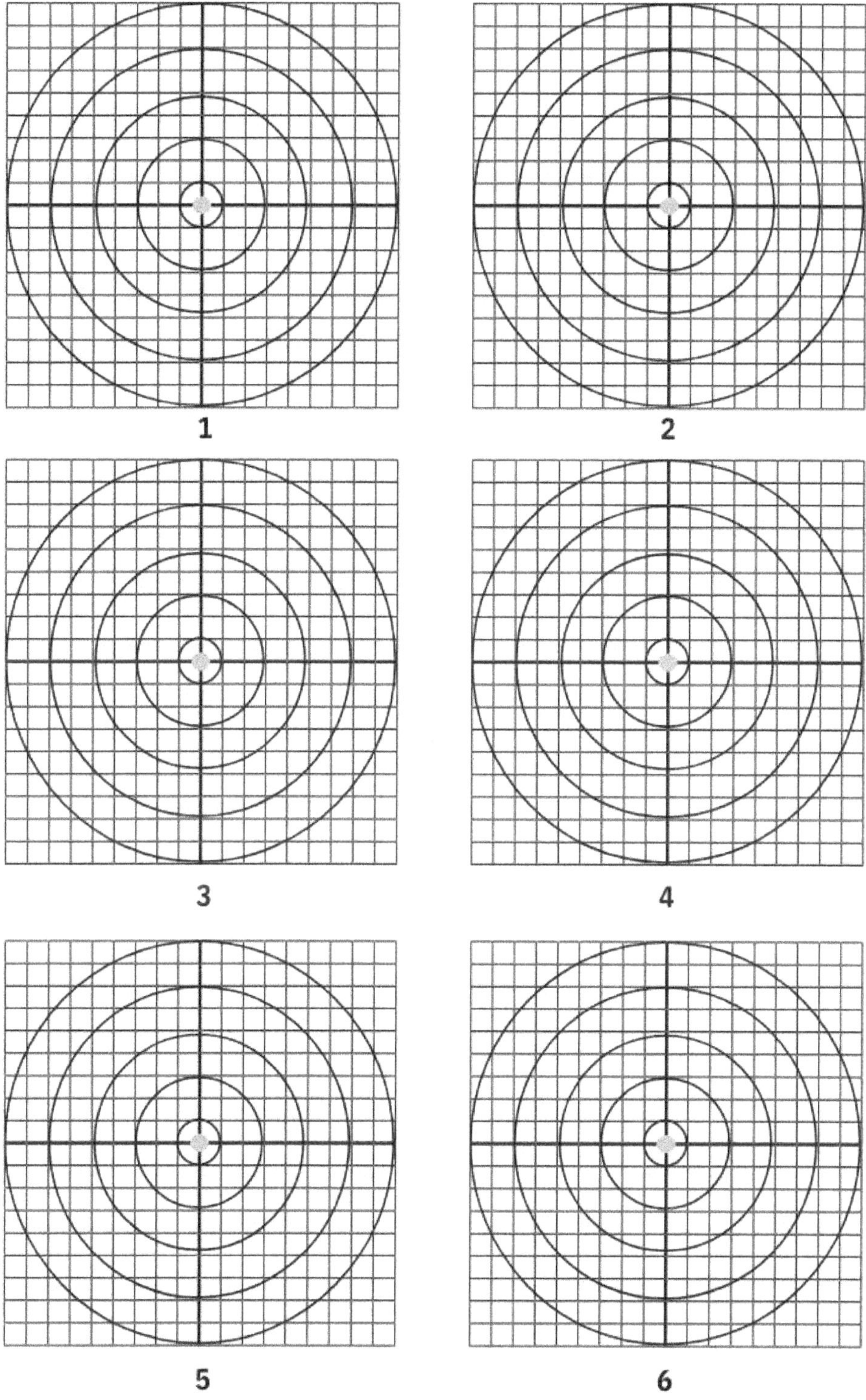

Den perfekte gaveideen for nybegynnere og profesjonelle

Dataloggbok for sportsskyting

Dato: _________________________   Tid: _________

Plassering: _______________________________

Værforhold

☐   ☐   ☐   ☐   ☐   ☐   _________   _________

Skytevåpen:	
Kule:	Sittedybde:
Pulver:	Korn:
Primer:	
Messing:	
Avstand:	

Generelle resultater

☐ Dårlig   ☐ Rettferdig   ☐ Flink   ☐ Utmerket

Ytterligere merknader

____

____

____

☆ ☆ ☆ ☆ ☆

Den perfekte gaveideen for nybegynnere og profesjonelle

Dataloggbok for sportsskyting

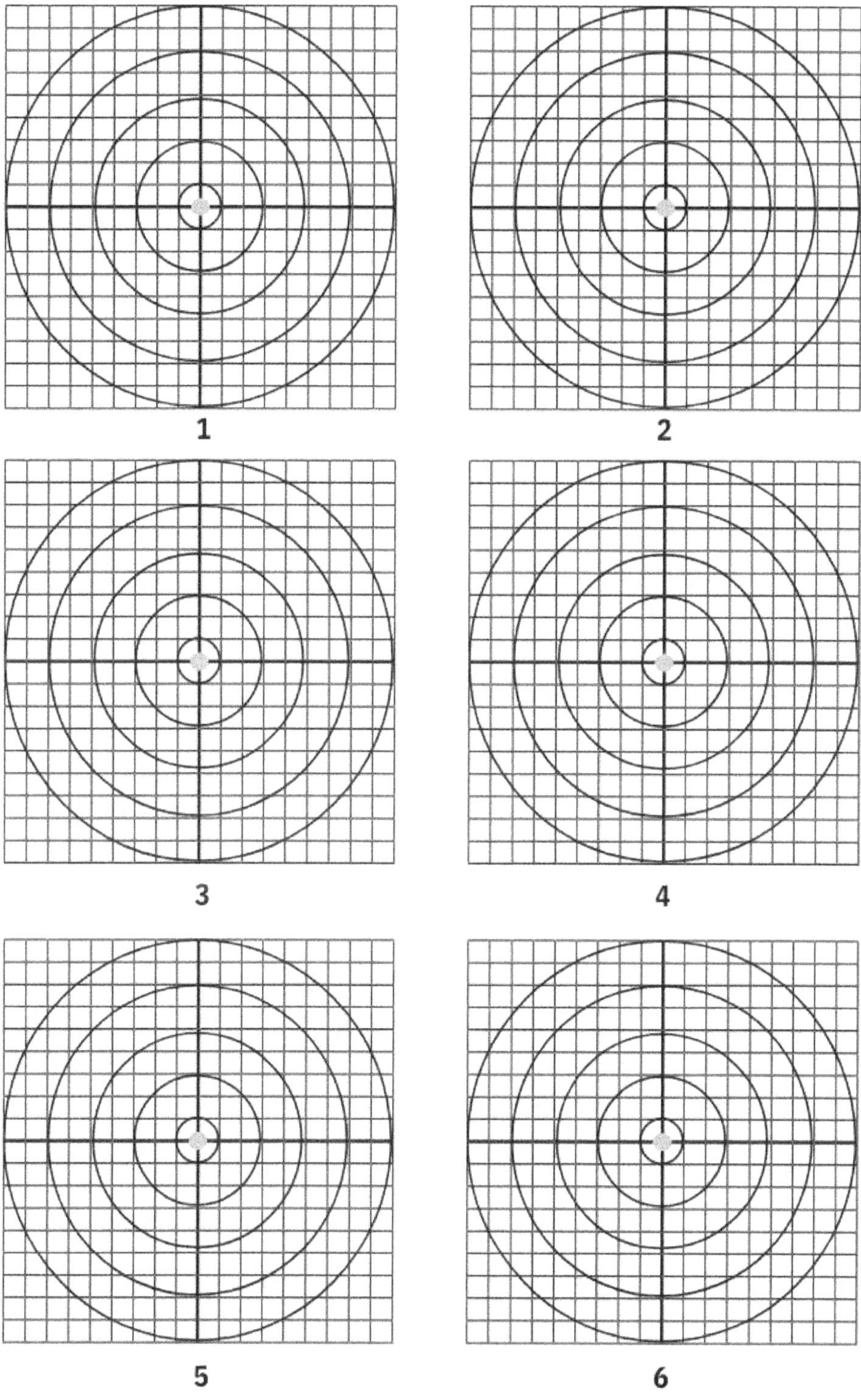

Den perfekte gaveideen for nybegynnere og profesjonelle

Dataloggbok for sportsskyting

📅 Dato: _______________________ 🕐 Tid: __________

📍 Plassering: _________________________________

Værforhold

☀ ⛅ 🌤 🌦 🌧 🌨 🚩 🌡
☐   ☐   ☐   ☐   ☐   ☐   _____   _____

Skytevåpen:	
Kule:	Sittedybde:
Pulver:	Korn:
Primer:	
Messing:	
Avstand:	

Generelle resultater

☐ Dårlig   ☐ Rettferdig   ☐ Flink   ☐ Utmerket

Ytterligere merknader

____

____

____

☆ ☆ ☆ ☆ ☆

Den perfekte gaveideen for nybegynnere og profesjonelle

Dataloggbok for sportsskyting

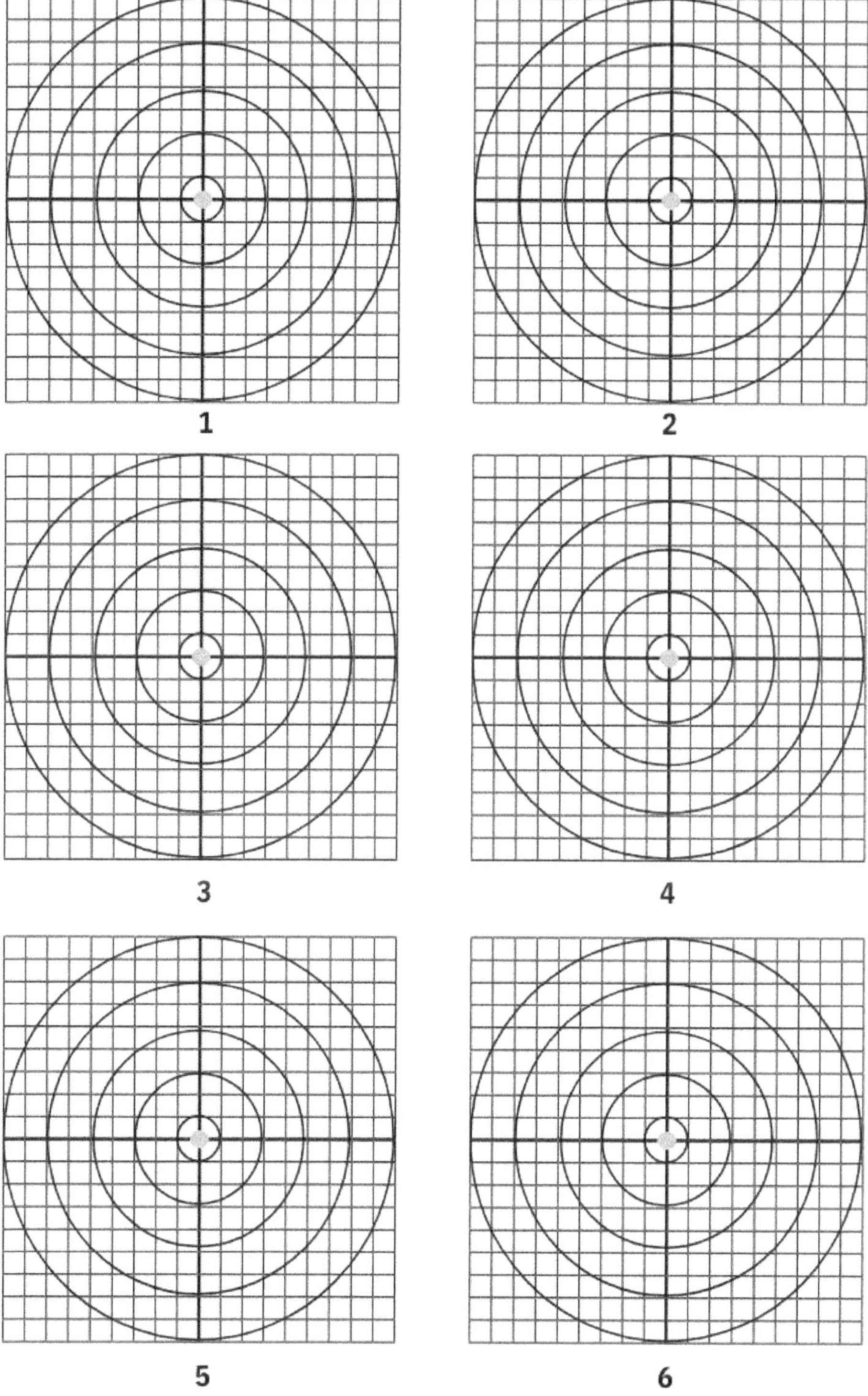

Den perfekte gaveideen for nybegynnere og profesjonelle

Dataloggbok for sportsskyting

📅 Dato: _________________________ 🕐 Tid: _________

📍 Plassering: _______________________________________

Værforhold

☐   ☐   ☐   ☐   ☐   ☐   _______   _______

Skytevåpen:	
Kule:	Sittedybde:
Pulver:	Korn:
Primer:	
Messing:	
Avstand:	

Generelle resultater

☐ Dårlig   ☐ Rettferdig   ☐ Flink   ☐ Utmerket

Ytterligere merknader

____

____

____

☆ ☆ ☆ ☆ ☆

Den perfekte gaveideen for nybegynnere og profesjonelle

Dataloggbok for sportsskyting

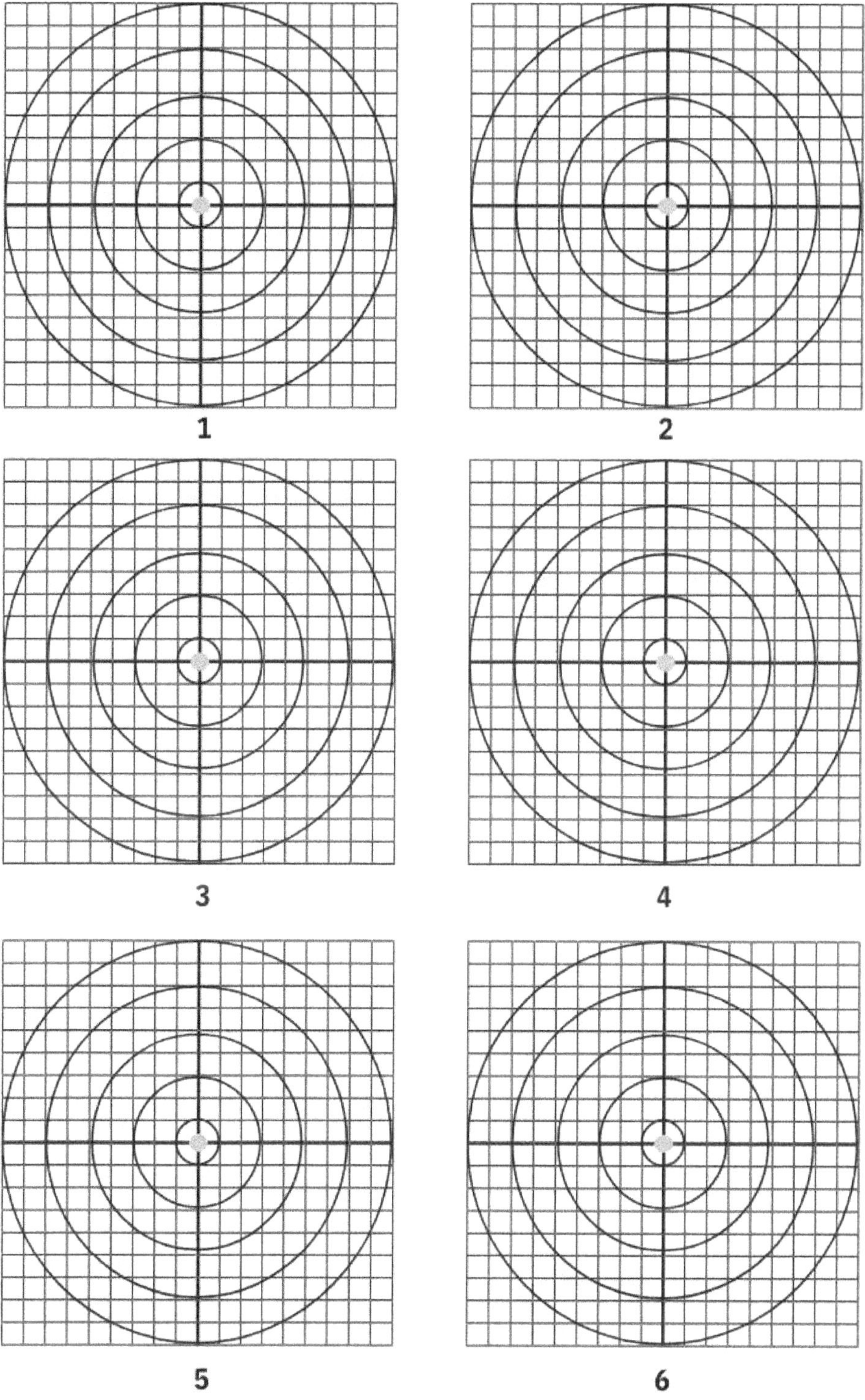

Den perfekte gaveideen for nybegynnere og profesjonelle

Dataloggbok for sportsskyting

📅 Dato: _______________________ 🕐 Tid: __________

📍 Plassering: _______________________________________

Værforhold

☀ ☁ ⛅ 🌦 🌧 🌨 🚩 🌡
☐ ☐ ☐ ☐ ☐ ☐ ______ ______

Skytevåpen:	
Kule:	Sittedybde:
Pulver:	Korn:
Primer:	
Messing:	
Avstand:	

Generelle resultater

☐ Dårlig ☐ Rettferdig ☐ Flink ☐ Utmerket

Ytterligere merknader

____

____

____

☆ ☆ ☆ ☆ ☆

Den perfekte gaveideen for nybegynnere og profesjonelle

Dataloggbok for sportsskyting

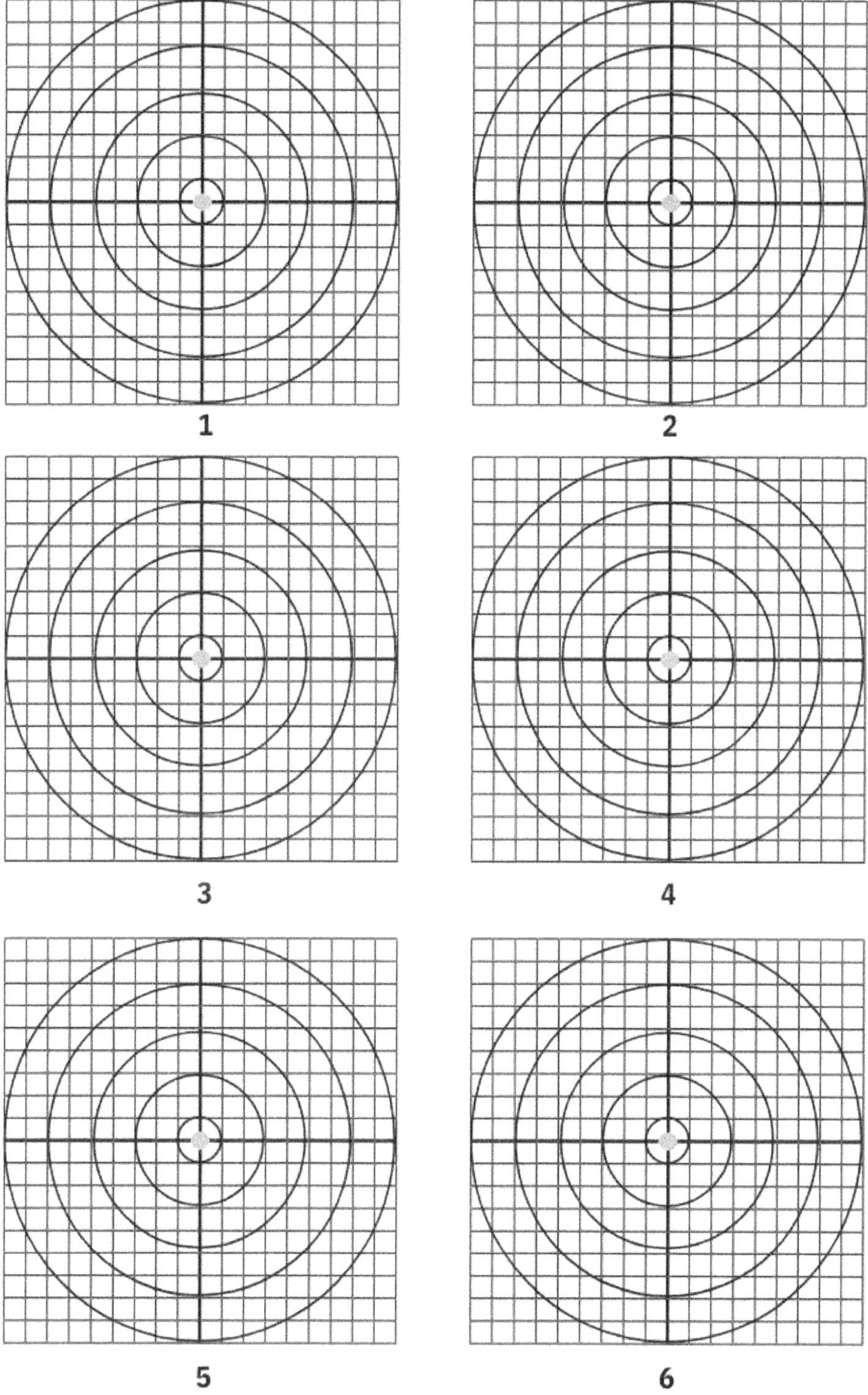

Den perfekte gaveideen for nybegynnere og profesjonelle

Dataloggbok for sportsskyting

📅 Dato: _________________ 🕐 Tid: _________

📍 Plassering: _____________________________

Værforhold

☐   ☐   ☐   ☐   ☐   ☐

Skytevåpen:	
Kule:	Sittedybde:
Pulver:	Korn:
Primer:	
Messing:	
Avstand:	

Generelle resultater

☐ Dårlig   ☐ Rettferdig   ☐ Flink   ☐ Utmerket

Ytterligere merknader

____

____

____

☆ ☆ ☆ ☆ ☆

Den perfekte gaveideen for nybegynnere og profesjonelle

Dataloggbok for sportsskyting

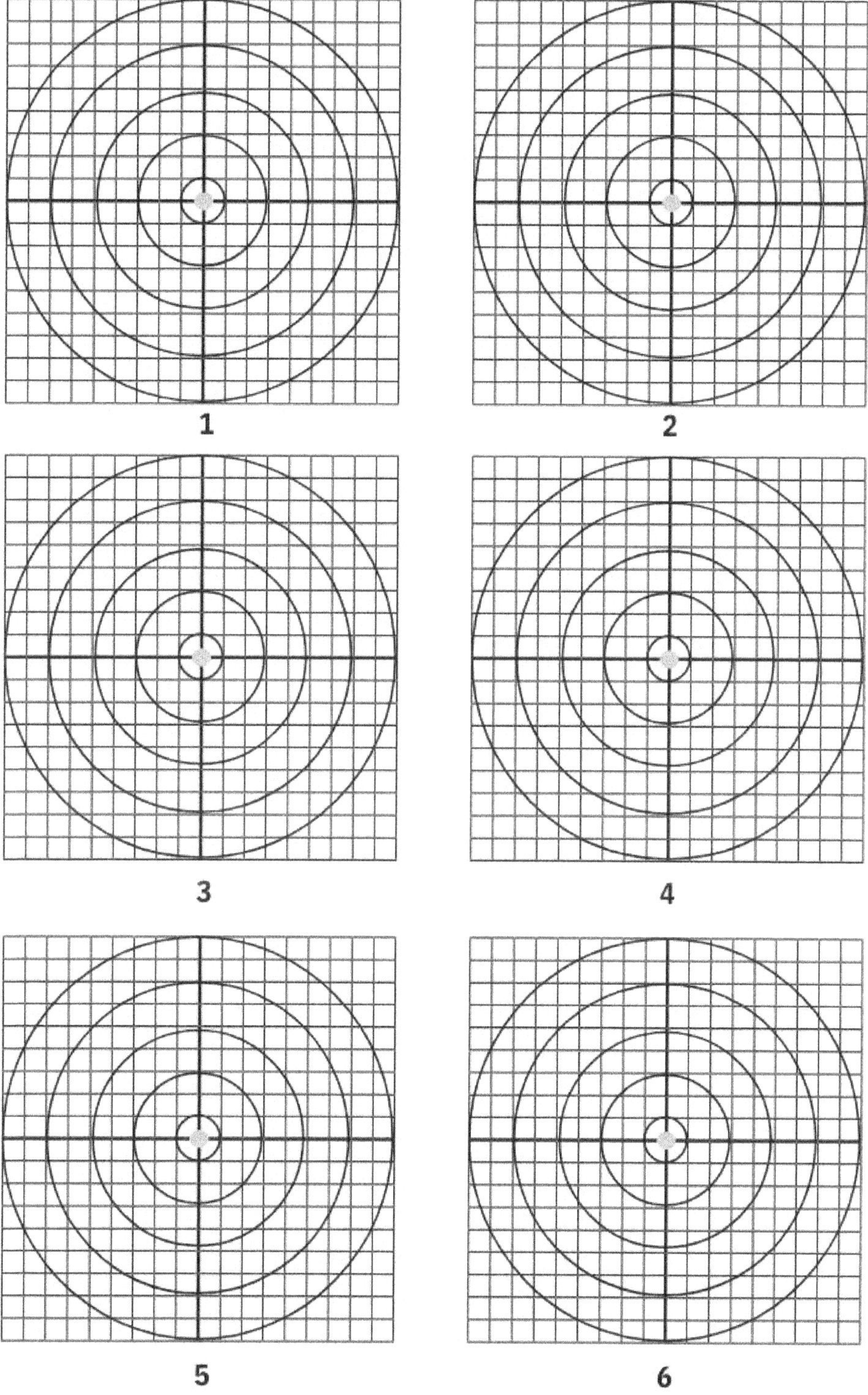

Den perfekte gaveideen for nybegynnere og profesjonelle

Dataloggbok for sportsskyting

📅 Dato: _________________________   🕐 Tid: _____________

📍 Plassering: _______________________________________

Værforhold

☐	☐	☐	☐	☐	☐		

Skytevåpen:	
Kule:	Sittedybde:
Pulver:	Korn:
Primer:	
Messing:	
Avstand:	

Generelle resultater

☐ Dårlig   ☐ Rettferdig   ☐ Flink   ☐ Utmerket

Ytterligere merknader

____

____

____

☆ ☆ ☆ ☆ ☆

Den perfekte gaveideen for nybegynnere og profesjonelle

Dataloggbok for sportsskyting

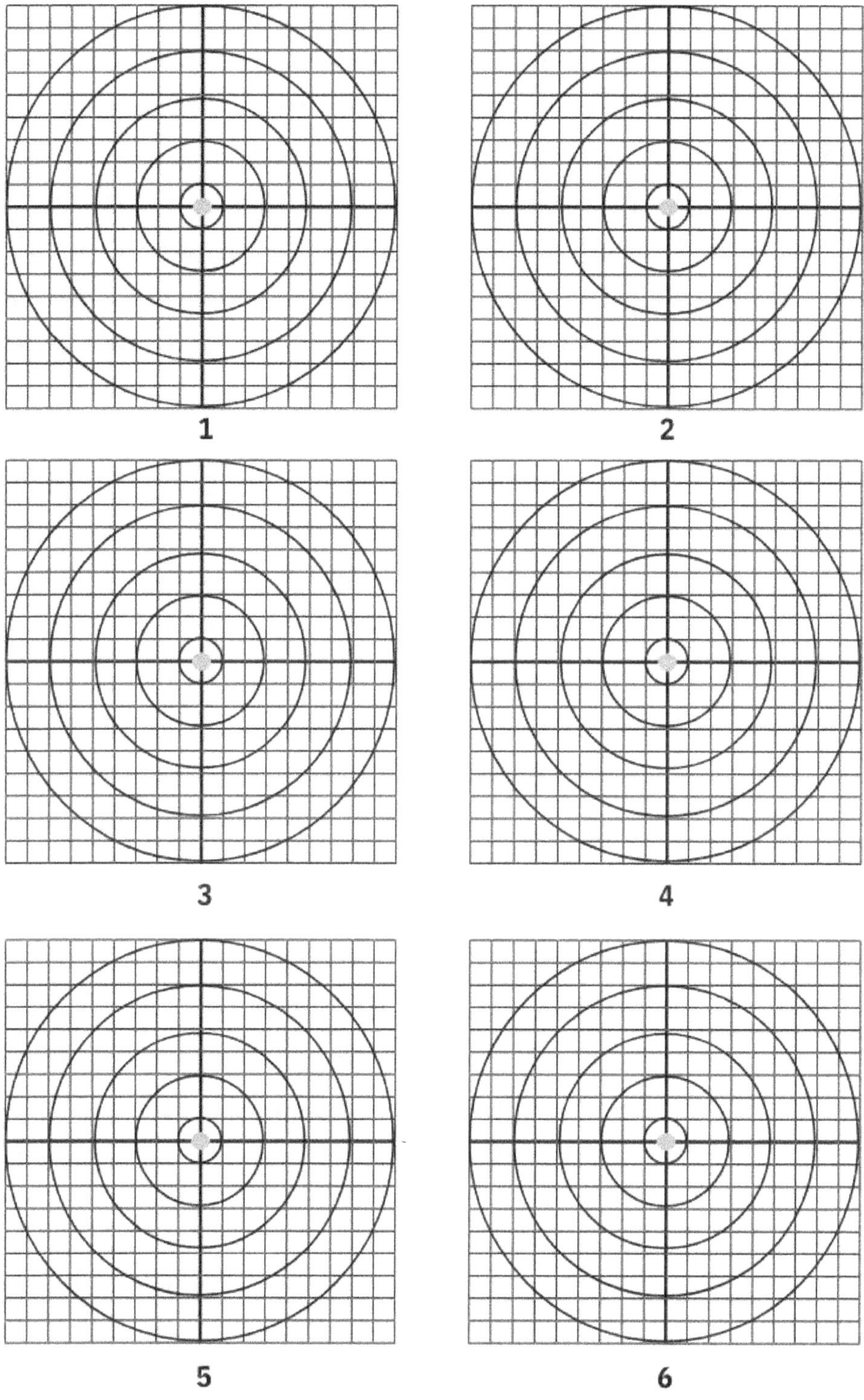

Den perfekte gaveideen for nybegynnere og profesjonelle

Dataloggbok for sportsskyting

📅 Dato: _________________ 🕐 Tid: _________

📍 Plassering: _______________________________

Værforhold

☐ ☐ ☐ ☐ ☐ ☐ _______ _______

Skytevåpen:	
Kule:	Sittedybde:
Pulver:	Korn:
Primer:	
Messing:	
Avstand:	

Generelle resultater

☐ Dårlig   ☐ Rettferdig   ☐ Flink   ☐ Utmerket

Ytterligere merknader

____

____

____

☆ ☆ ☆ ☆ ☆

Den perfekte gaveideen for nybegynnere og profesjonelle

Dataloggbok for sportsskyting

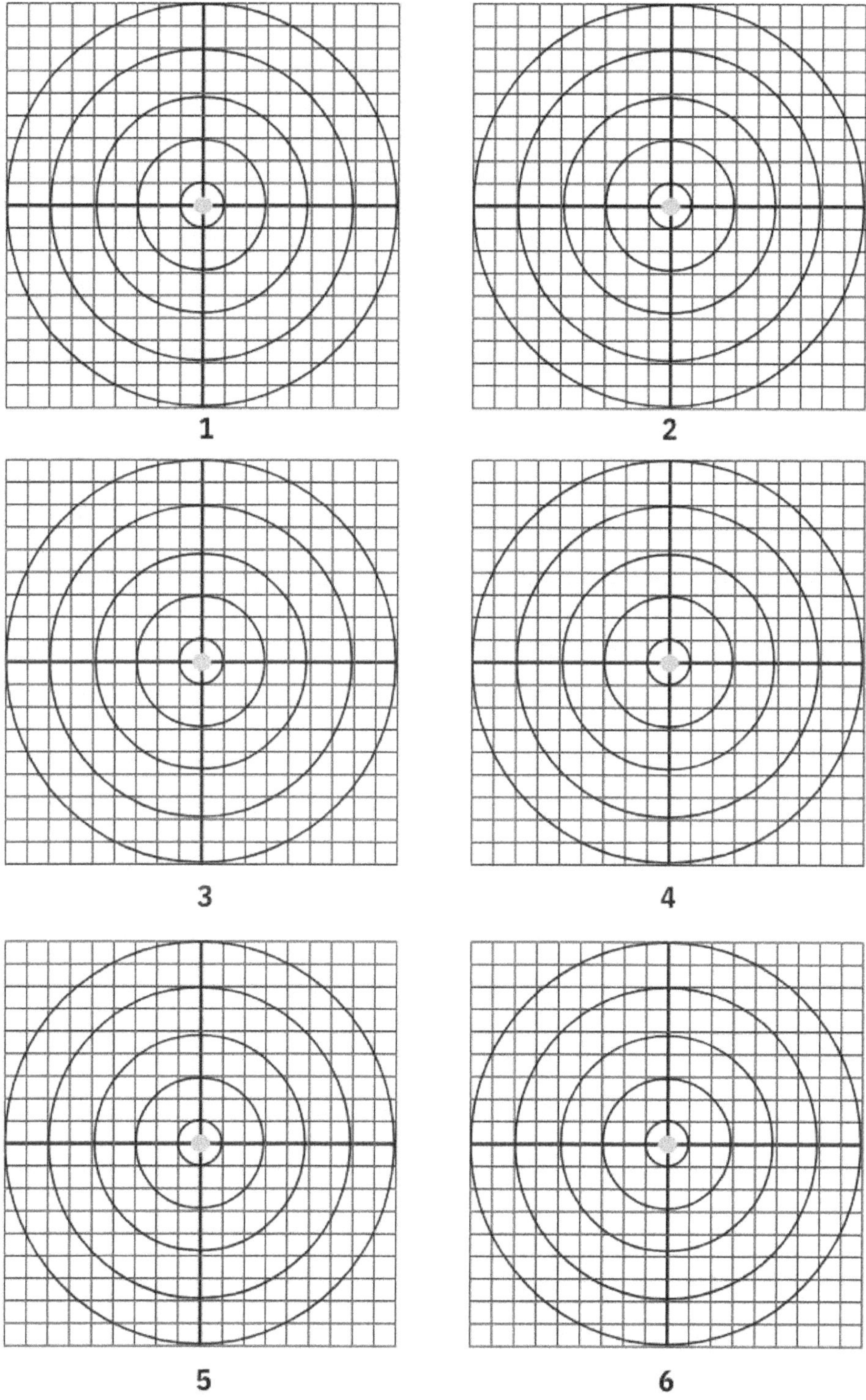

Den perfekte gaveideen for nybegynnere og profesjonelle

Dataloggbok for sportsskyting

📅 Dato: _______________   🕐 Tid: _______________

📍 Plassering: _______________

Værforhold

☀ ☐   ⛅ ☐   🌥 ☐   🌦 ☐   🌧 ☐   🌨 ☐   🚩 _______   🌡 _______

Skytevåpen:	
Kule:	Sittedybde:
Pulver:	Korn:
Primer:	
Messing:	
Avstand:	

Generelle resultater

☐ Dårlig   ☐ Rettferdig   ☐ Flink   ☐ Utmerket

Ytterligere merknader

____

____

☆ ☆ ☆ ☆ ☆

Den perfekte gaveideen for nybegynnere og profesjonelle

Dataloggbok for sportsskyting

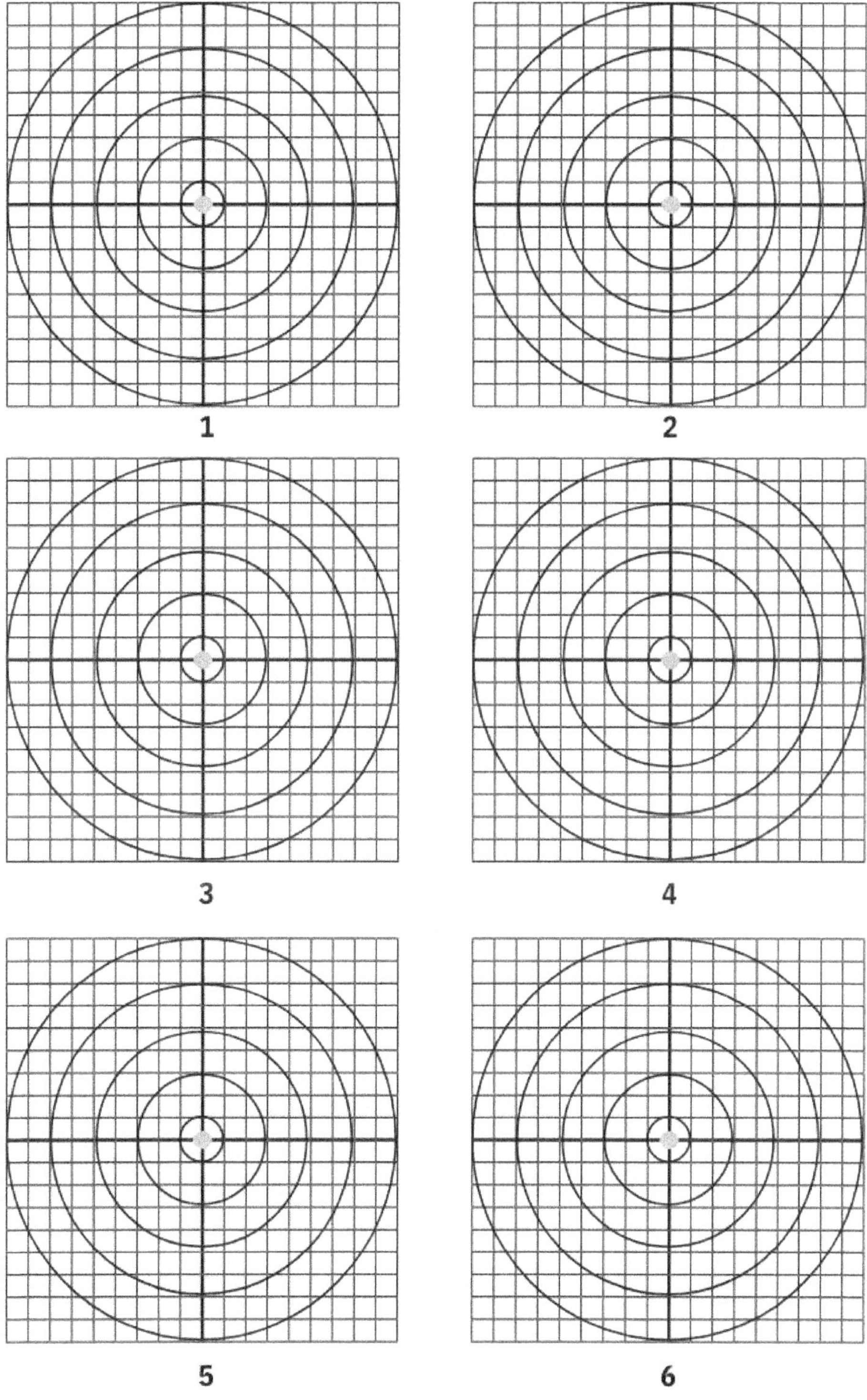

Den perfekte gaveideen for nybegynnere og profesjonelle

Dataloggbok for sportsskyting

📅 Dato: _______________________ 🕐 Tid: _____________

📍 Plassering: ____

Værforhold

☐ ☐ ☐ ☐ ☐ ☐ ⚑ _______ 🌡 _______

Skytevåpen:	
Kule:	Sittedybde:
Pulver:	Korn:
Primer:	
Messing:	
Avstand:	

Generelle resultater

☐ Dårlig   ☐ Rettferdig   ☐ Flink   ☐ Utmerket

Ytterligere merknader

____

____

____

☆ ☆ ☆ ☆ ☆

Den perfekte gaveideen for nybegynnere og profesjonelle

Dataloggbok for sportsskyting

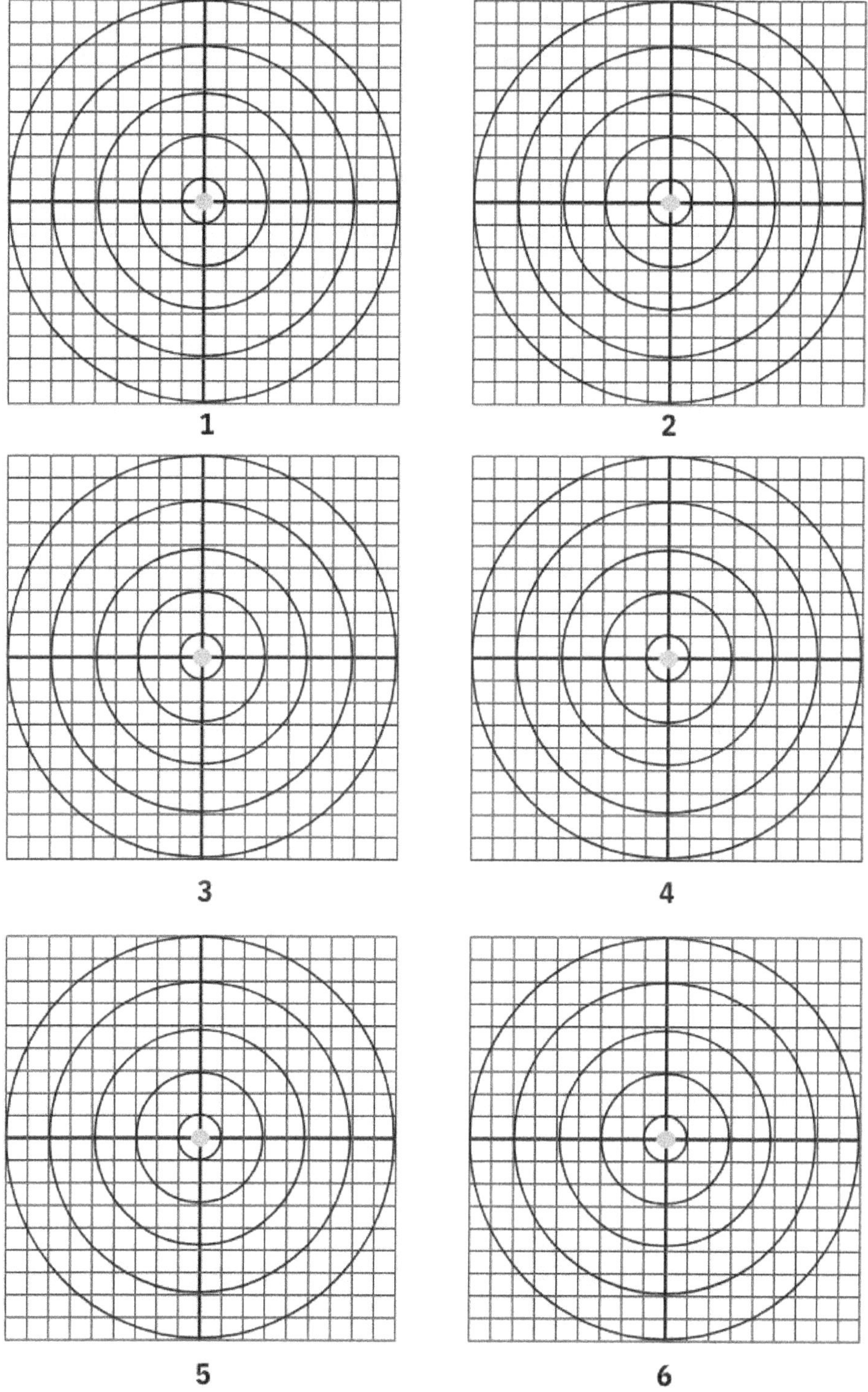

Den perfekte gaveideen for nybegynnere og profesjonelle

Dataloggbok for sportsskyting

📅 Dato: _________________ 🕐 Tid: _________

📍 Plassering: _________________________

Værforhold

☀ ☁ ⛅ ☁ 🌧 🌨 🚩 🌡
☐ ☐ ☐ ☐ ☐ ☐ ___ ___

Skytevåpen:	
Kule:	Sittedybde:
Pulver:	Korn:
Primer:	
Messing:	
Avstand:	

Generelle resultater

☐ Dårlig ☐ Rettferdig ☐ Flink ☐ Utmerket

Ytterligere merknader

____

____

____

☆ ☆ ☆ ☆ ☆

Den perfekte gaveideen for nybegynnere og profesjonelle

Dataloggbok for sportsskyting

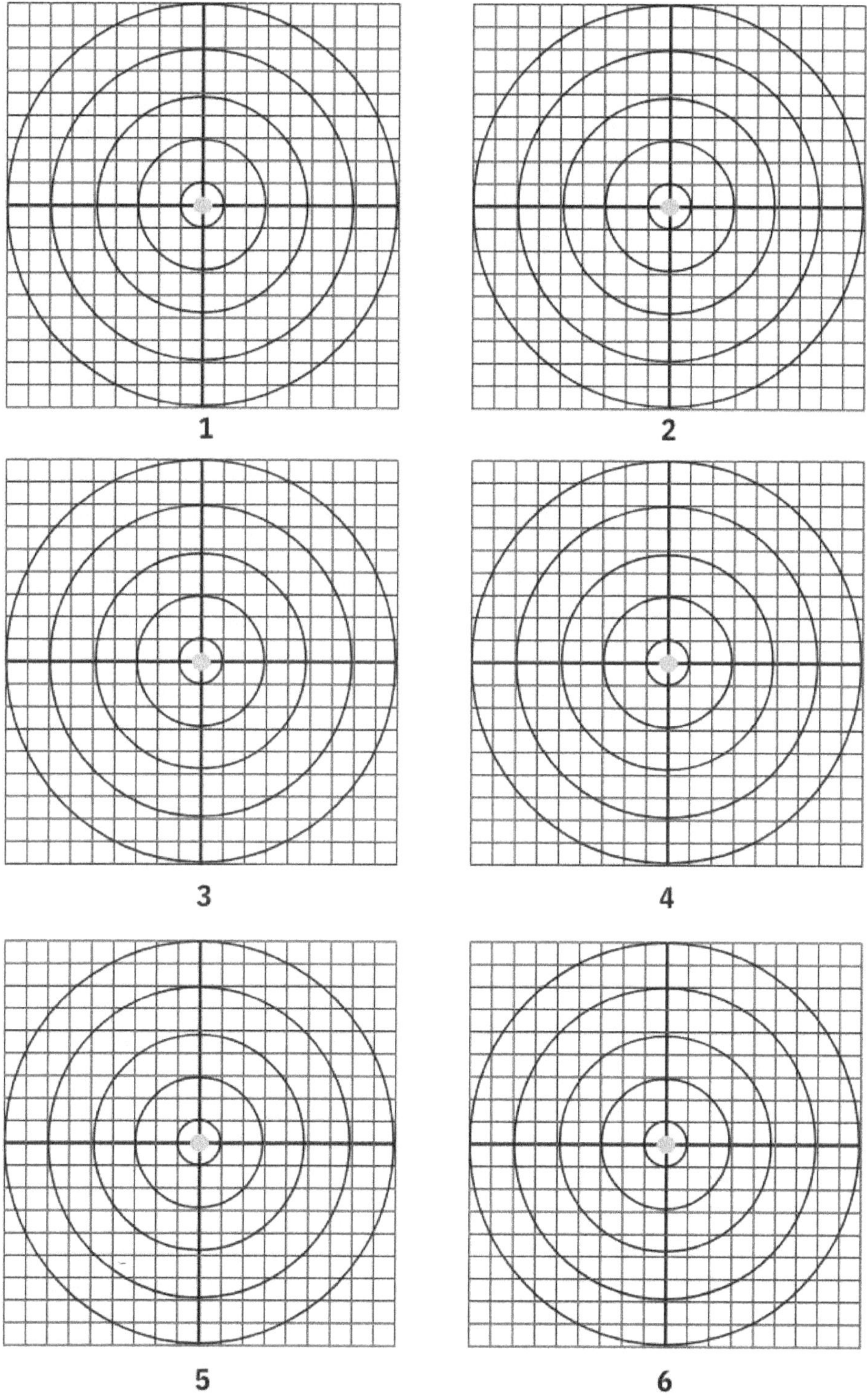

Den perfekte gaveideen for nybegynnere og profesjonelle

Dataloggbok for sportsskyting

📅 Dato: _______________________   🕐 Tid: _______________

📍 Plassering: ____

Værforhold

☐   ☐   ☐   ☐   ☐   ☐   _______   _______

Skytevåpen:	
Kule:	Sittedybde:
Pulver:	Korn:
Primer:	
Messing:	
Avstand:	

Generelle resultater

☐ Dårlig   ☐ Rettferdig   ☐ Flink   ☐ Utmerket

Ytterligere merknader

____

____

____

☆ ☆ ☆ ☆ ☆

Den perfekte gaveideen for nybegynnere og profesjonelle

Dataloggbok for sportsskyting

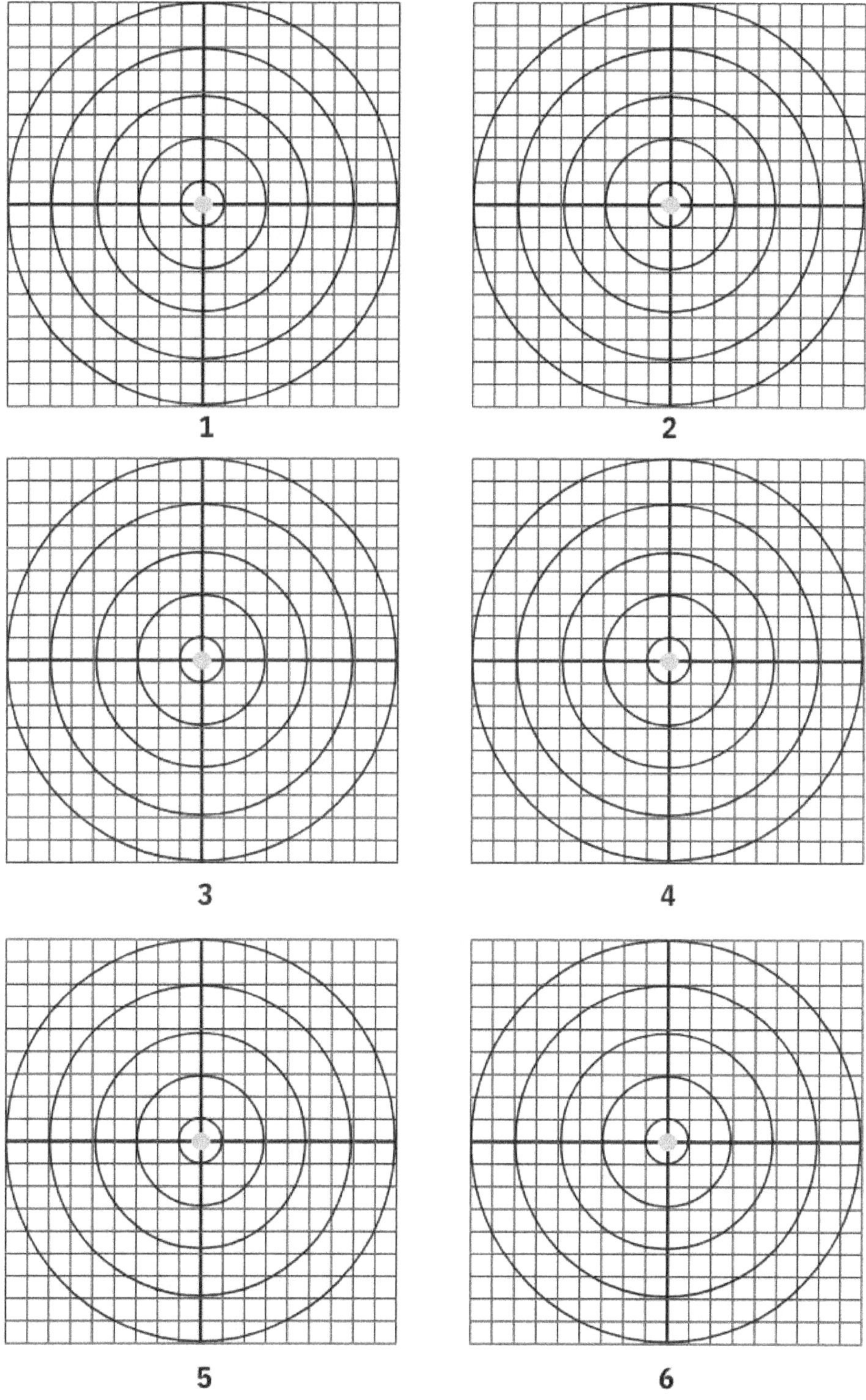

Den perfekte gaveideen for nybegynnere og profesjonelle

Dataloggbok for sportsskyting

📅 Dato: _________________ 🕐 Tid: _________

📍 Plassering: _______________________

Værforhold

☐   ☐   ☐   ☐   ☐   ☐   _______   _______

Skytevåpen:	
Kule:	Sittedybde:
Pulver:	Korn:
Primer:	
Messing:	
Avstand:	

Generelle resultater

☐ Dårlig   ☐ Rettferdig   ☐ Flink   ☐ Utmerket

Ytterligere merknader

____

____

____

☆ ☆ ☆ ☆ ☆

Den perfekte gaveideen for nybegynnere og profesjonelle

Dataloggbok for sportsskyting

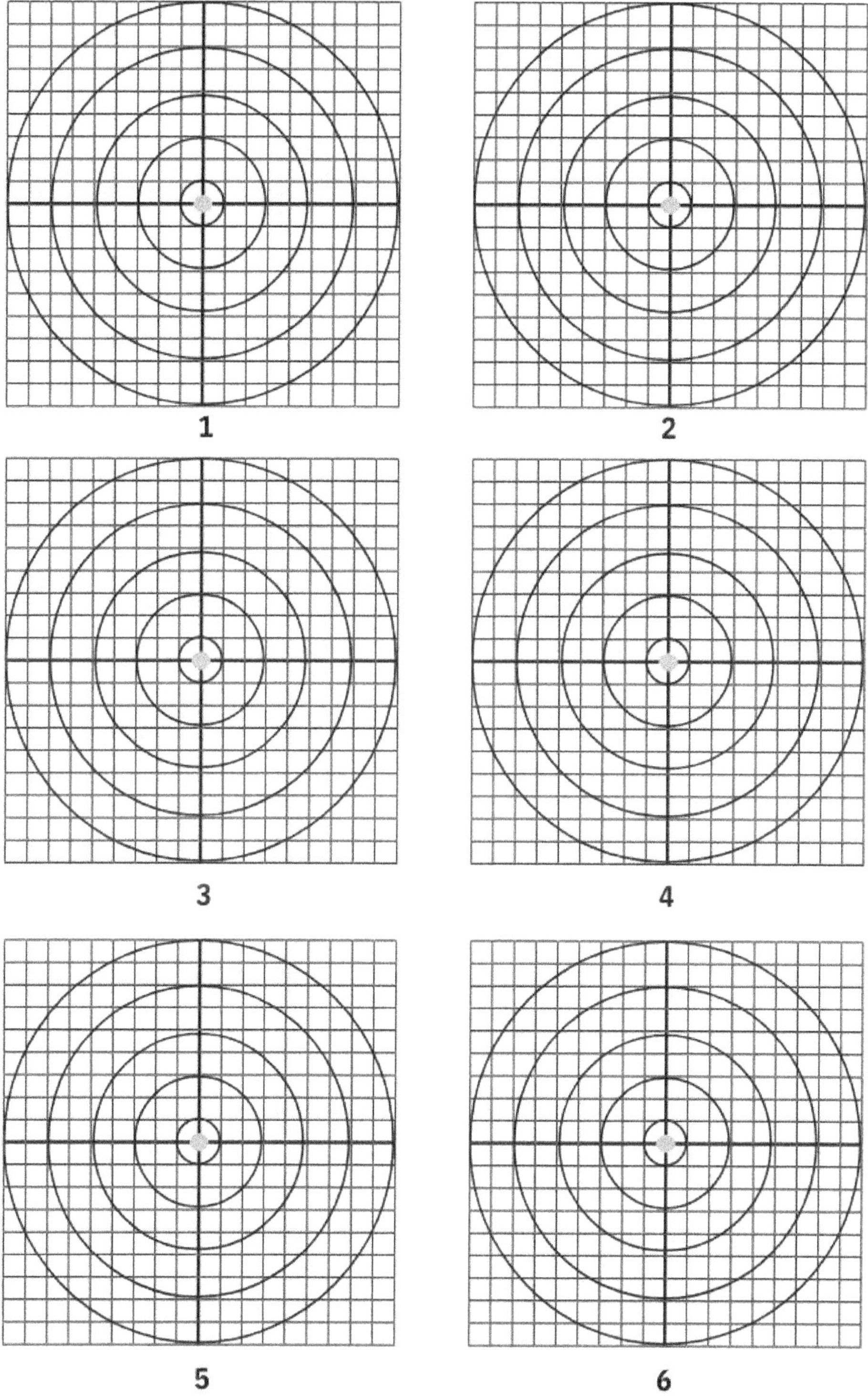

Den perfekte gaveideen for nybegynnere og profesjonelle

Dataloggbok for sportsskyting

📅 Dato: _____________________ 🕐 Tid: __________

📍 Plassering: _________________________________

Værforhold

☐ ☐ ☐ ☐ ☐ ☐ ⚑ ______ 🌡 ______

Skytevåpen:	
Kule:	Sittedybde:
Pulver:	Korn:
Primer:	
Messing:	
Avstand:	

Generelle resultater

☐ Dårlig   ☐ Rettferdig   ☐ Flink   ☐ Utmerket

Ytterligere merknader

____

____

____

☆ ☆ ☆ ☆ ☆

Den perfekte gaveideen for nybegynnere og profesjonelle

Dataloggbok for sportsskyting

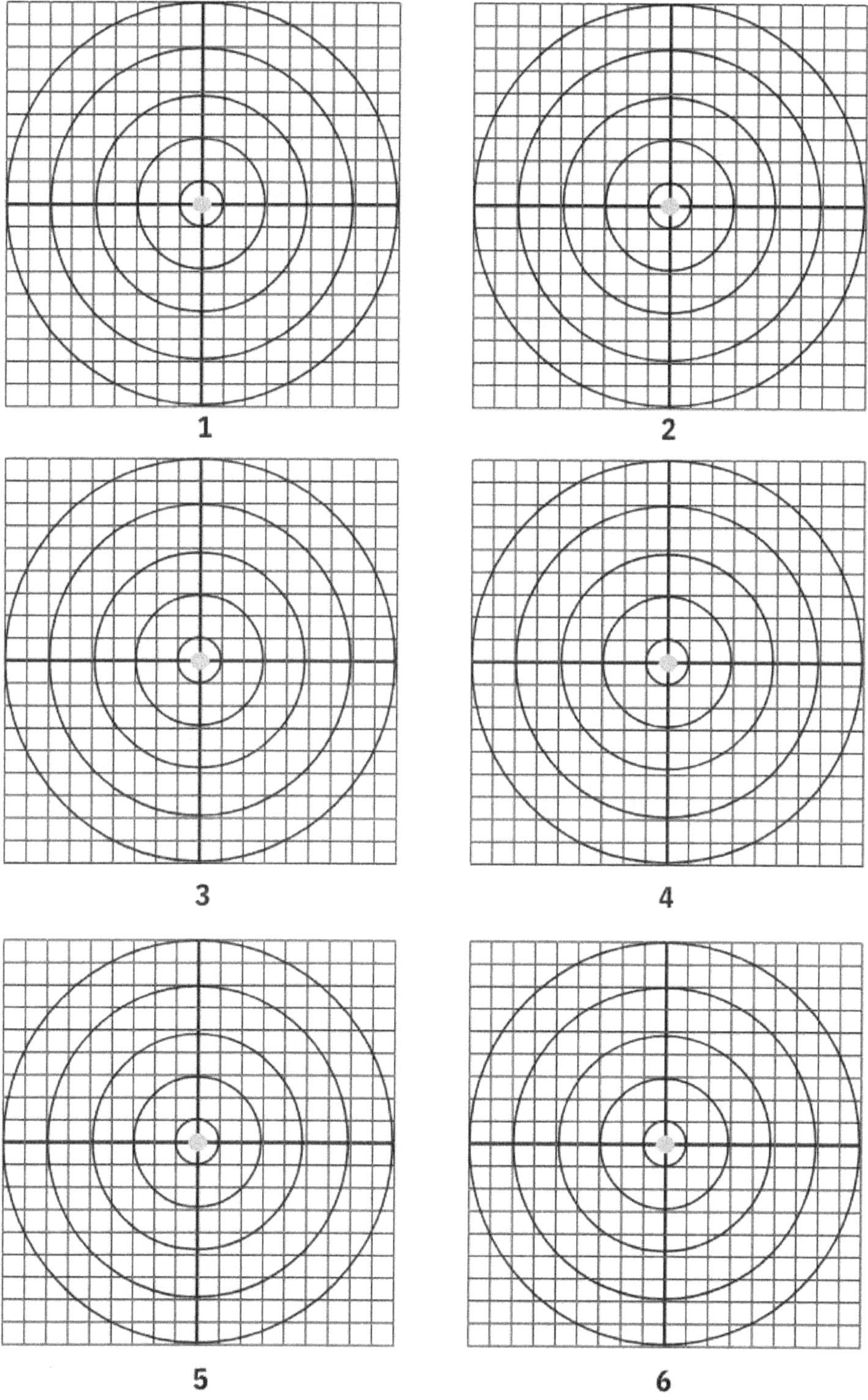

Den perfekte gaveideen for nybegynnere og profesjonelle

Dataloggbok for sportsskyting

📅 Dato: _________________   🕐 Tid: _________

📍 Plassering: _____________________________

Værforhold

☐   ☐   ☐   ☐   ☐   ☐

Skytevåpen:	
Kule:	Sittedybde:
Pulver:	Korn:
Primer:	
Messing:	
Avstand:	

Generelle resultater

☐ Dårlig   ☐ Rettferdig   ☐ Flink   ☐ Utmerket

Ytterligere merknader

____

____

____

☆ ☆ ☆ ☆ ☆

Den perfekte gaveideen før nybegynnere og profesjonelle

Dataloggbok for sportsskyting

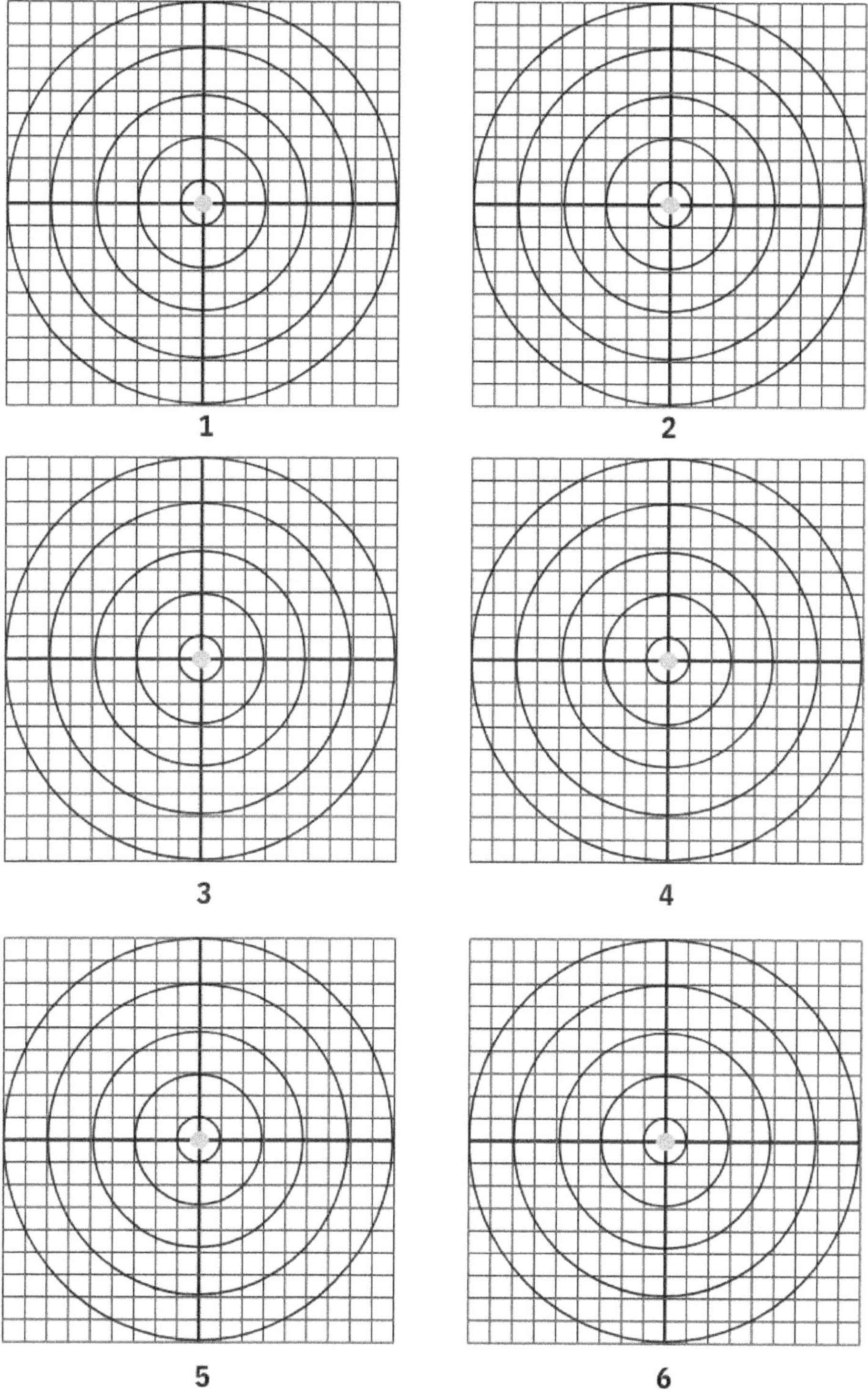

Den perfekte gaveideen for nybegynnere og profesjonelle

Dataloggbok for sportsskyting

📅 Dato: _________________________ 🕐 Tid: _________

📍 Plassering: _________________________________

Værforhold

☀️ ☐   ⛅ ☐   🌥️ ☐   🌦️ ☐   🌧️ ☐   🌨️ ☐   🚩 _______   🌡️ _______

Skytevåpen:	
Kule:	Sittedybde:
Pulver:	Korn:
Primer:	
Messing:	
Avstand:	

Generelle resultater

☐ Dårlig   ☐ Rettferdig   ☐ Flink   ☐ Utmerket

Ytterligere merknader

____

____

____

☆ ☆ ☆ ☆ ☆

Den perfekte gaveideen for nybegynnere og profesjonelle

Dataloggbok for sportsskyting

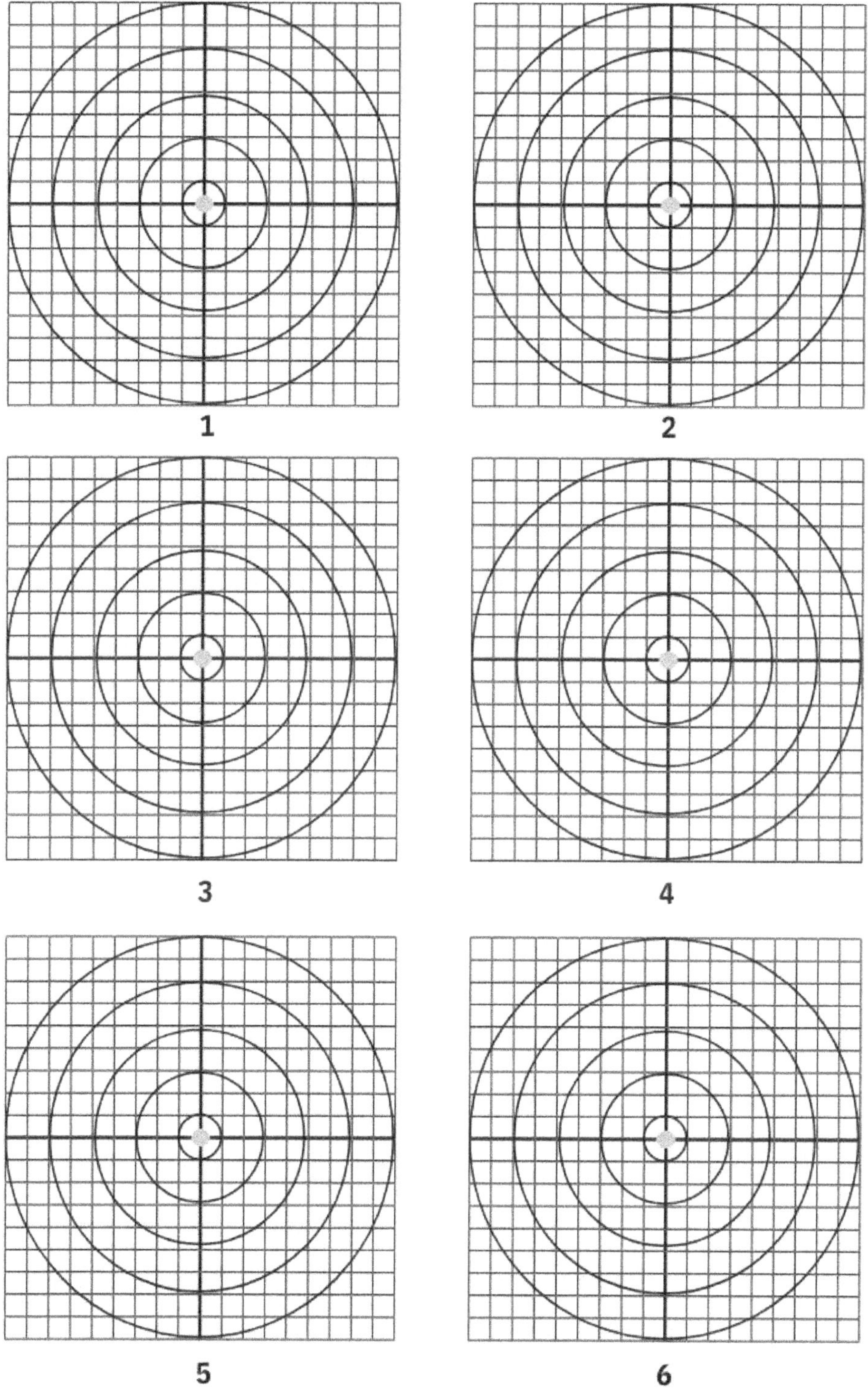

Den perfekte gaveideen for nybegynnere og profesjonelle

Dataloggbok for sportsskyting

📅 Dato: _______________________ 🕐 Tid: _______________

📍 Plassering: ____

Værforhold

☀ ⛅ 🌤 🌦 🌧 🌨 ⚑ 🌡
☐   ☐   ☐   ☐   ☐   ☐   ____   ____

Skytevåpen:	
Kule:	Sittedybde:
Pulver:	Korn:
Primer:	
Messing:	
Avstand:	

Generelle resultater

☐ Dårlig   ☐ Rettferdig   ☐ Flink   ☐ Utmerket

Ytterligere merknader

____

____

____

☆ ☆ ☆ ☆ ☆

Den perfekte gaveideen for nybegynnere og profesjonelle

Dataloggbok for sportsskyting

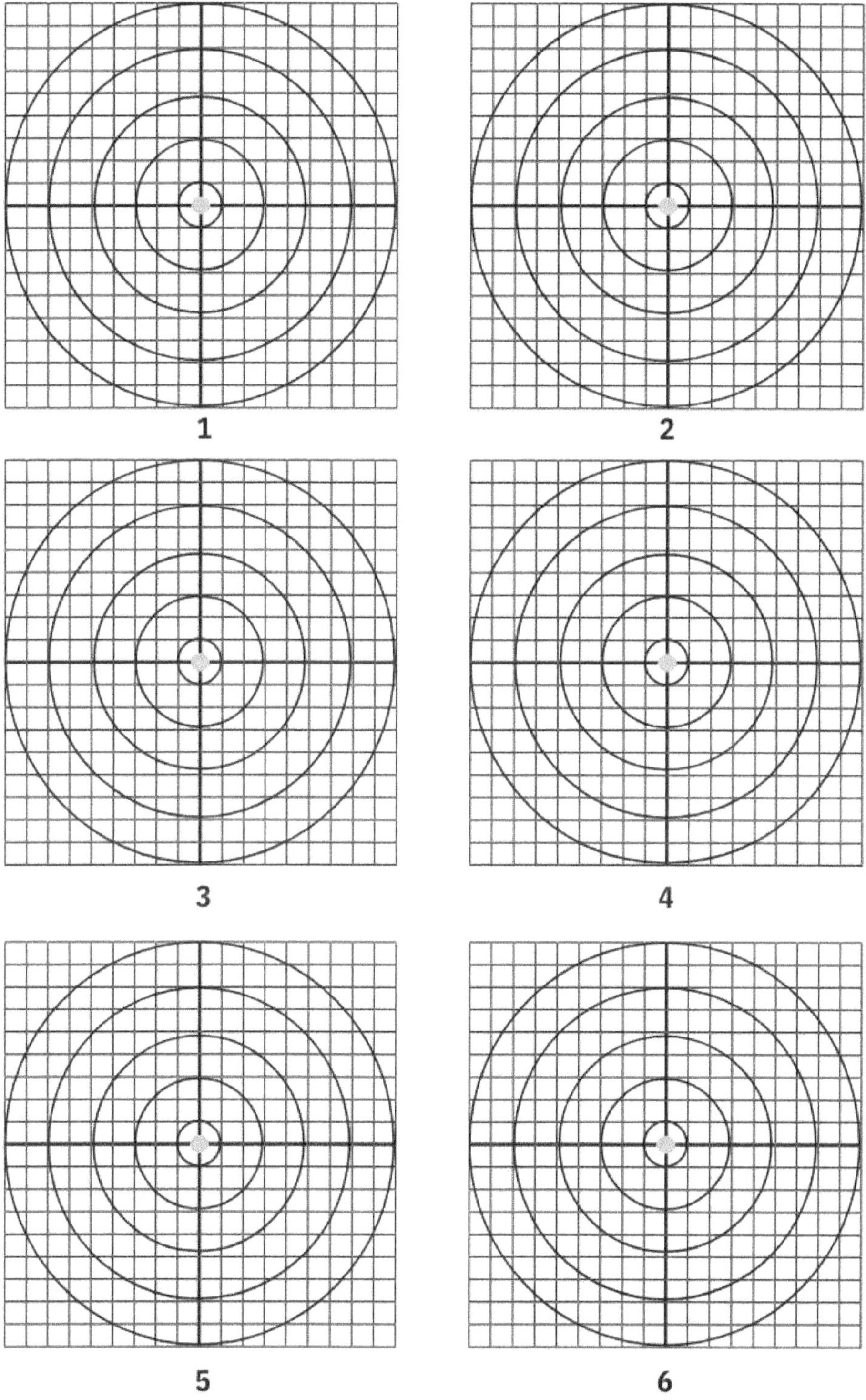

Den perfekte gaveideen for nybegynnere og profesjonelle

Dataloggbok for sportsskyting

📅 Dato: _______________________   🕐 Tid: __________

📍 Plassering: _______________________________

Værforhold

☐ ☐ ☐ ☐ ☐ ☐ _______ _______

Skytevåpen:	
Kule:	Sittedybde:
Pulver:	Korn:
Primer:	
Messing:	
Avstand:	

Generelle resultater

☐ Dårlig   ☐ Rettferdig   ☐ Flink   ☐ Utmerket

Ytterligere merknader

____

____

____

☆ ☆ ☆ ☆ ☆

Den perfekte gaveideen for nybegynnere og profesjonelle

Dataloggbok for sportsskyting

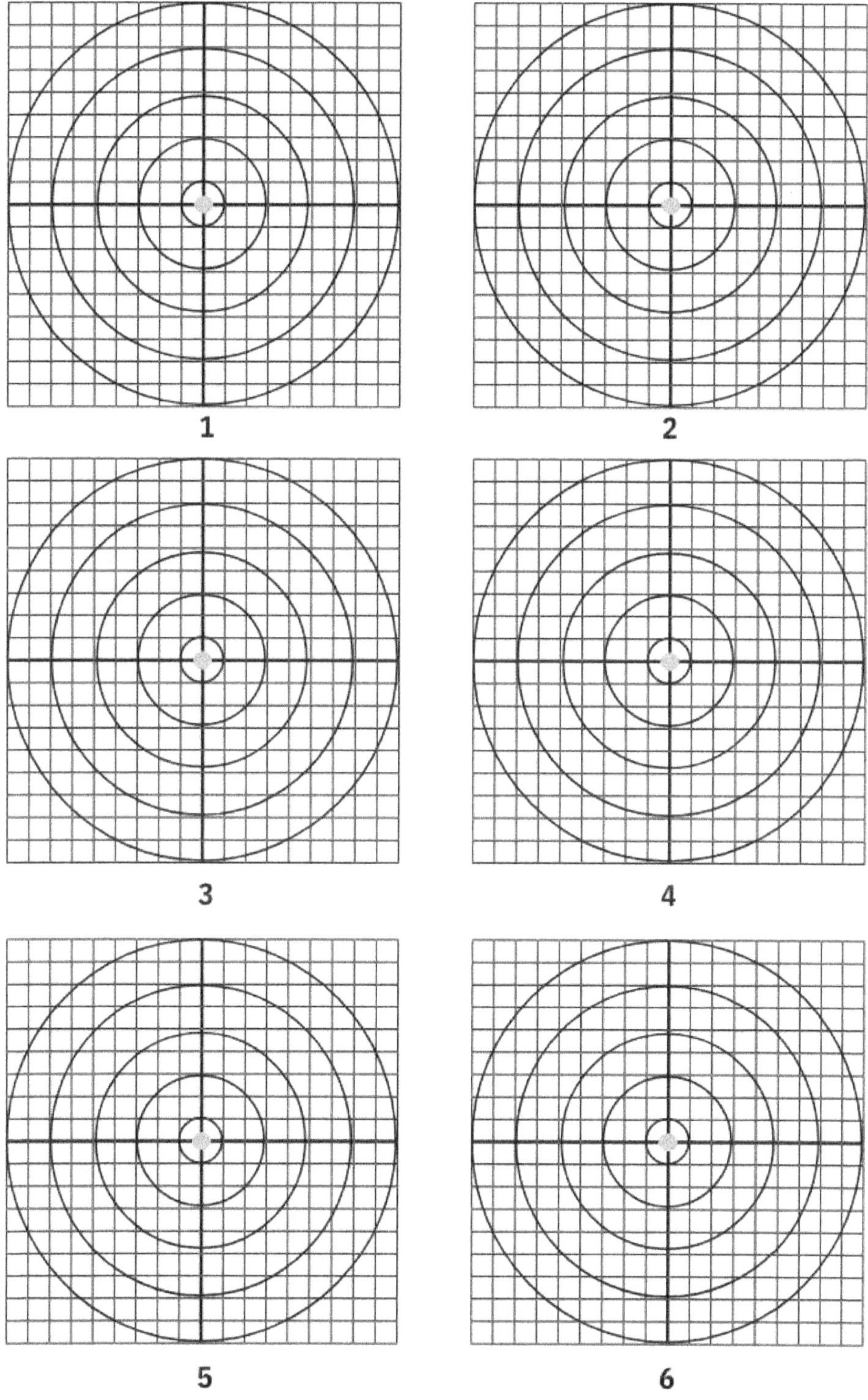

Den perfekte gaveideen for nybegynnere og profesjonelle

Dataloggbok for sportsskyting

📅 Dato: ________________________ 🕐 Tid: __________

📍 Plassering: _________________________________

Værforhold

☐   ☐   ☐   ☐   ☐   ☐   ______   ______

Skytevåpen:	
Kule:	Sittedybde:
Pulver:	Korn:
Primer:	
Messing:	
Avstand:	

Generelle resultater

☐ Dårlig   ☐ Rettferdig   ☐ Flink   ☐ Utmerket

Ytterligere merknader

____

____

____

☆ ☆ ☆ ☆ ☆

Den perfekte gaveideen for nybegynnere og profesjonelle

Dataloggbok for sportsskyting

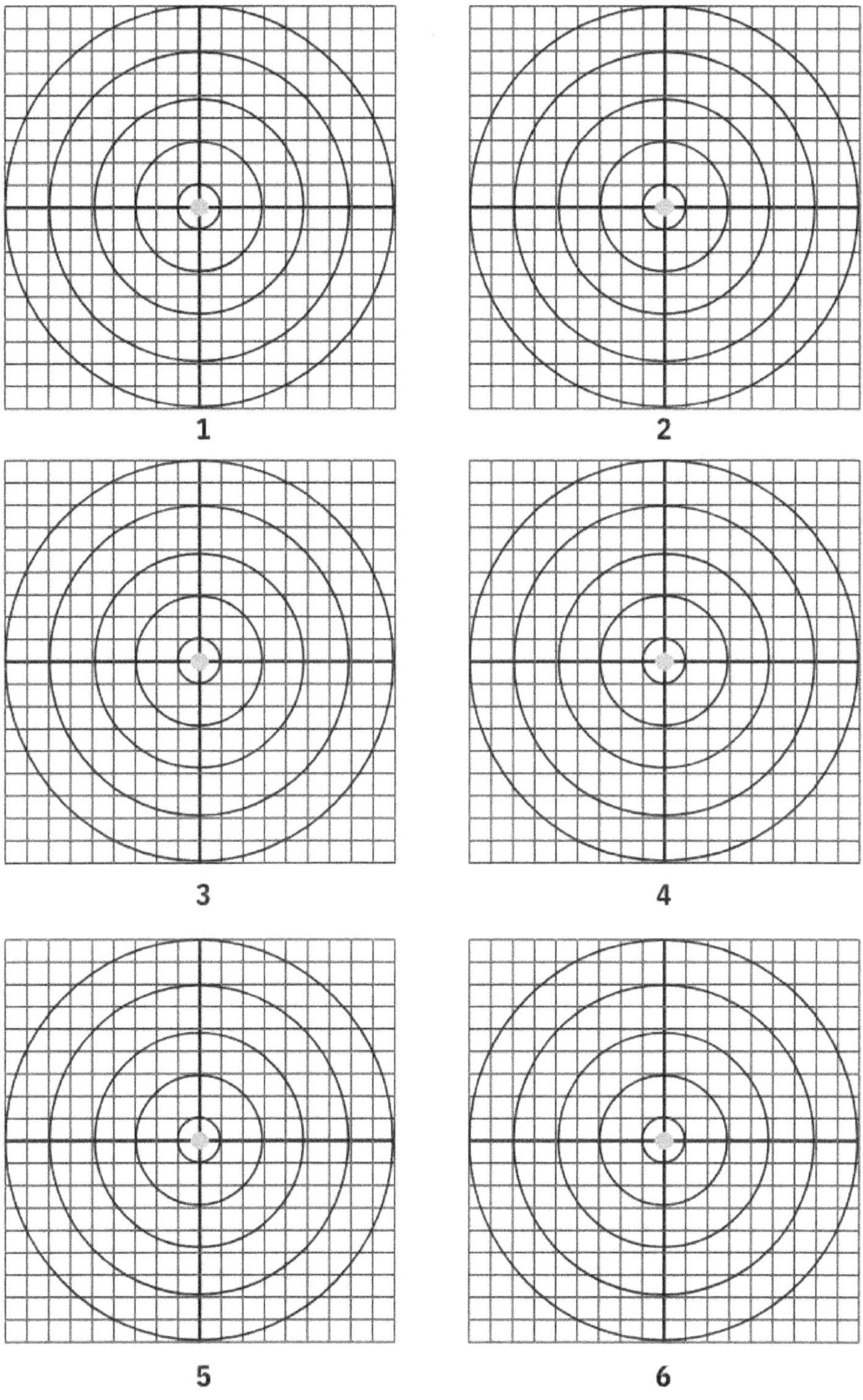

Den perfekte gaveideen for nybegynnere og profesjonelle

Dataloggbok for sportsskyting

📅 Dato: ______________________   🕐 Tid: __________

📍 Plassering: ____________________________________

Værforhold

☀️ ☐   ⛅ ☐   🌥️ ☐   🌦️ ☐   🌧️ ☐   🌨️ ☐   🚩 ______   🌡️ ______

Skytevåpen:	
Kule:	Sittedybde:
Pulver:	Korn:
Primer:	
Messing:	
Avstand:	

Generelle resultater

☐ Dårlig   ☐ Rettferdig   ☐ Flink   ☐ Utmerket

Ytterligere merknader

____

____

____

☆ ☆ ☆ ☆ ☆

Den perfekte gaveideen for nybegynnere og profesjonelle

Dataloggbok for sportsskyting

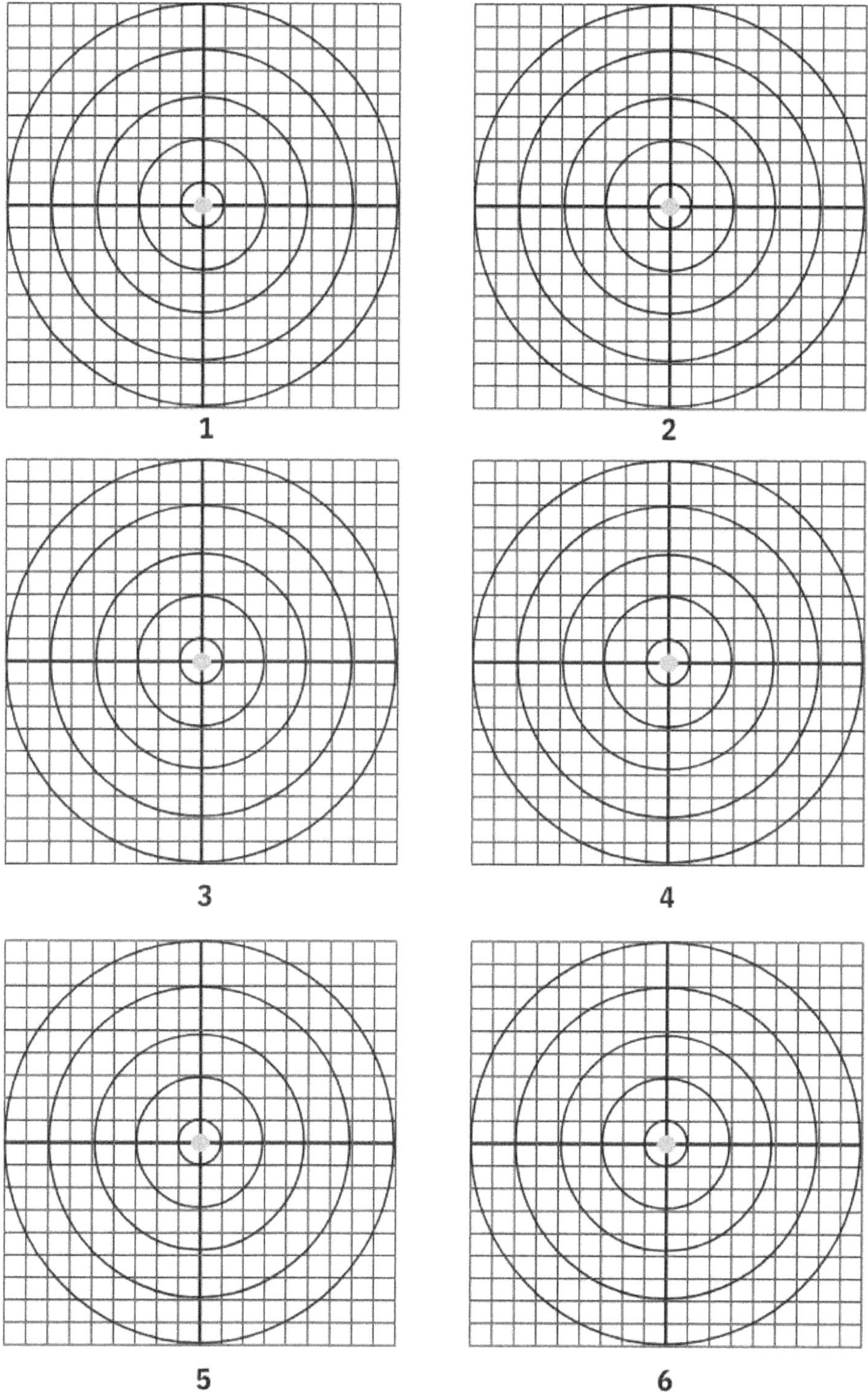

Den perfekte gaveideen for nybegynnere og profesjonelle

Dataloggbok for sportsskyting

Dato: ___________________ Tid: ___________

Plassering: ___________________________________

Værforhold

☐   ☐   ☐   ☐   ☐   ☐   _______   _______

Skytevåpen:	
Kule:	Sittedybde:
Pulver:	Korn:
Primer:	
Messing:	
Avstand:	

Generelle resultater

☐ Dårlig   ☐ Rettferdig   ☐ Flink   ☐ Utmerket

Ytterligere merknader

____

____

____

☆ ☆ ☆ ☆ ☆

Den perfekte gaveideen for nybegynnere og profesjonelle

Dataloggbok for sportsskyting

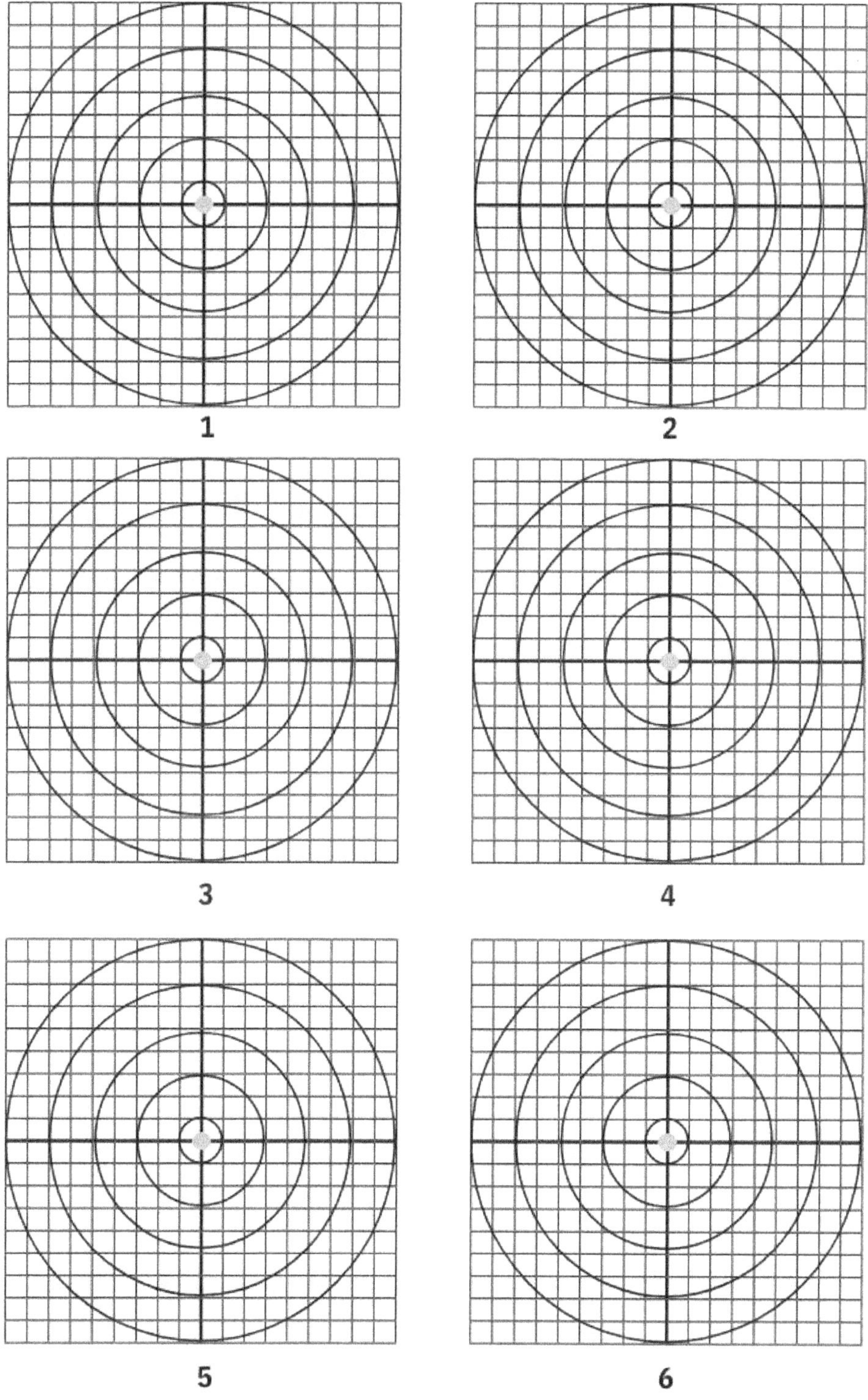

Den perfekte gaveideen for nybegynnere og profesjonelle

Dataloggbok for sportsskyting

📅 Dato: _________________ 🕐 Tid: _________

📍 Plassering: _____________________________

Værforhold

☀ ☁ ☁ 🌧 🌧 🌨 🚩 🌡
☐ ☐ ☐ ☐ ☐ ☐ ___ ___

Skytevåpen:	
Kule:	Sittedybde:
Pulver:	Korn:
Primer:	
Messing:	
Avstand:	

Generelle resultater

☐ Dårlig ☐ Rettferdig ☐ Flink ☐ Utmerket

Ytterligere merknader

____

____

____

☆ ☆ ☆ ☆ ☆

Den perfekte gaveideen for nybegynnere og profesjonelle

Dataloggbok for sportsskyting

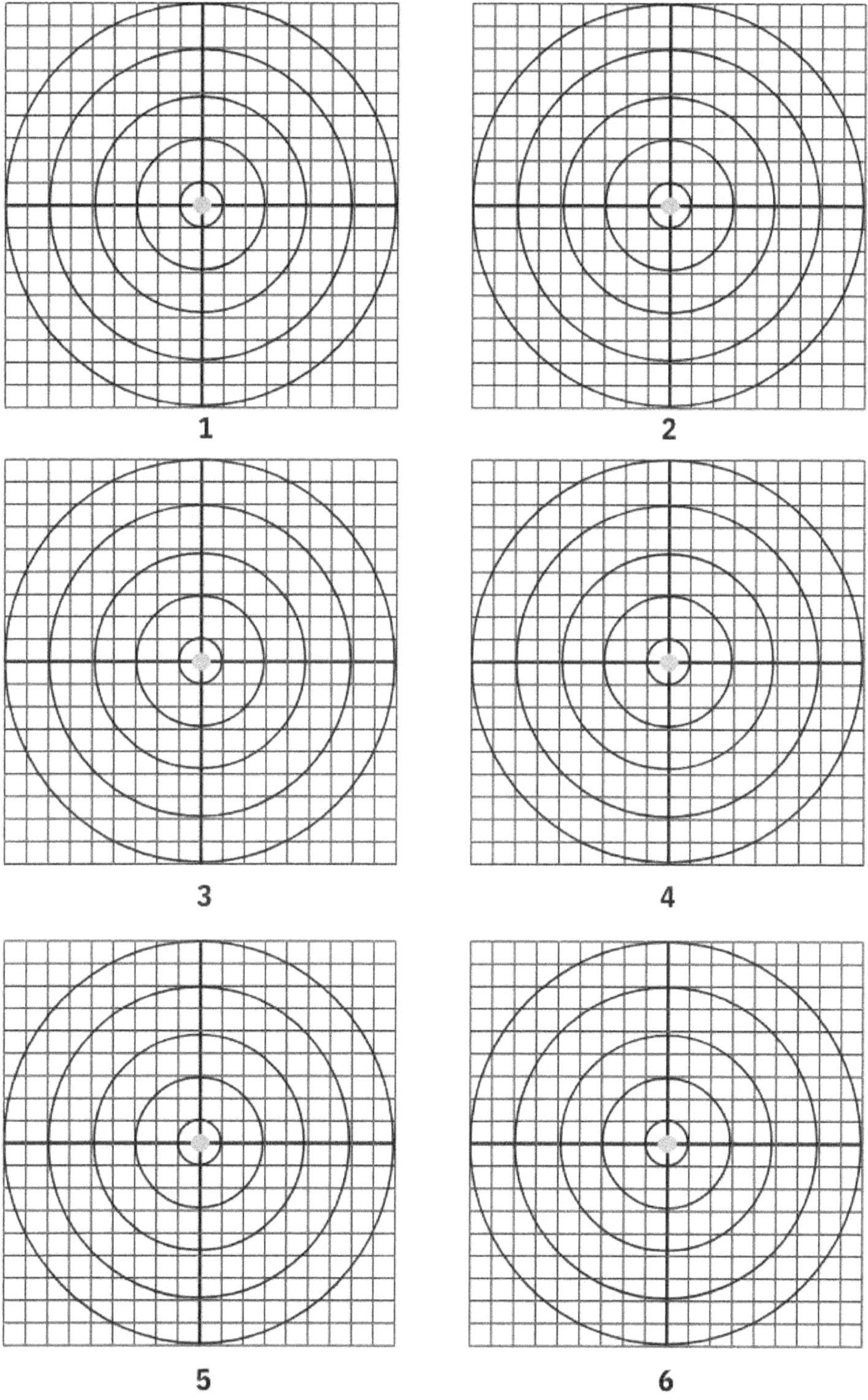

Den perfekte gaveideen for nybegynnere og profesjonelle

Dataloggbok for sportsskyting

📅 Dato: _______________________ 🕐 Tid: _______________

📍 Plassering: ____

Værforhold

☀ ☁ ⛅ ☁ 🌧 ❄ ⚑ 🌡
☐ ☐ ☐ ☐ ☐ ☐ ___ ___

Skytevåpen:	
Kule:	Sittedybde:
Pulver:	Korn:
Primer:	
Messing:	
Avstand:	

Generelle resultater

☐ Dårlig   ☐ Rettferdig   ☐ Flink   ☐ Utmerket

Ytterligere merknader

____

____

☆ ☆ ☆ ☆ ☆

Den perfekte gaveideen for nybegynnere og profesjonelle

Dataloggbok for sportsskyting

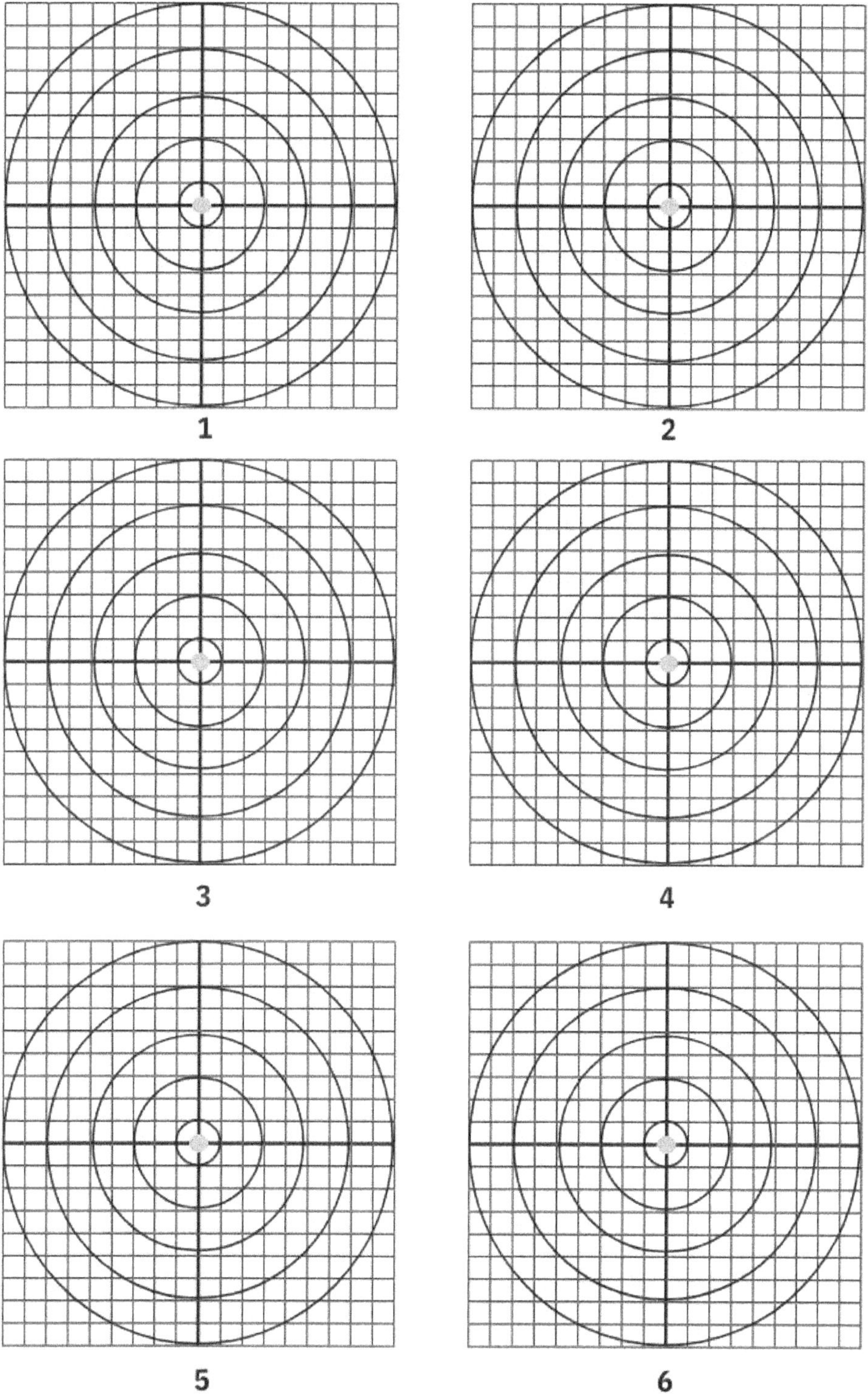

Den perfekte gaveideen for nybegynnere og profesjonelle

Dataloggbok for sportsskyting

📅 Dato: _________________ 🕐 Tid: __________

📍 Plassering: _______________________________

Værforhold

☐ ☐ ☐ ☐ ☐ ☐ _______ _______

Skytevåpen:	
Kule:	Sittedybde:
Pulver:	Korn:
Primer:	
Messing:	
Avstand:	

Generelle resultater

☐ Dårlig   ☐ Rettferdig   ☐ Flink   ☐ Utmerket

Ytterligere merknader

____

____

____

☆ ☆ ☆ ☆ ☆

Den perfekte gaveideen for nybegynnere og profesjonelle

Dataloggbok for sportsskyting

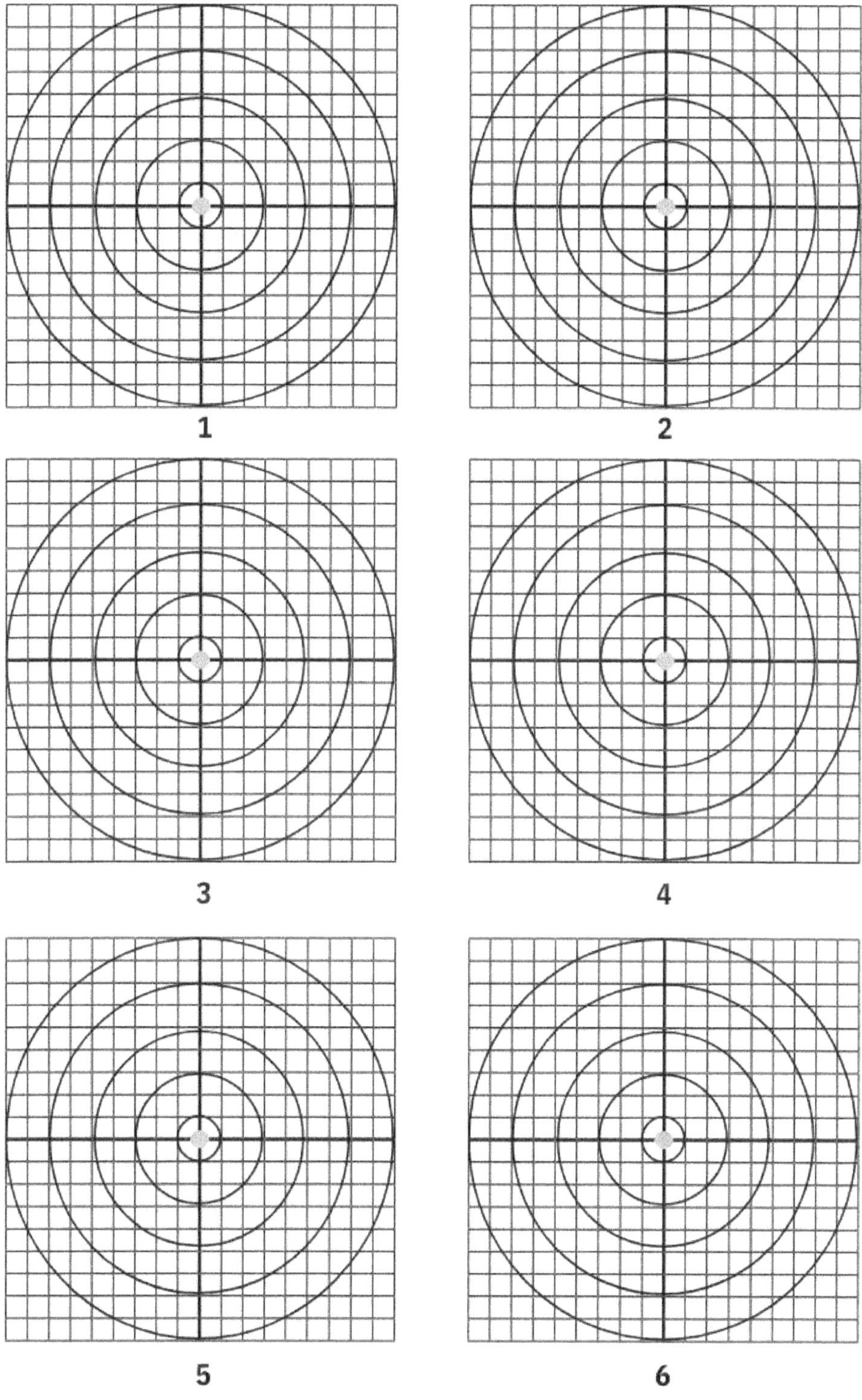

Den perfekte gaveideen for nybegynnere og profesjonelle

Dataloggbok for sportsskyting

📅 Dato: ___________________   🕐 Tid: __________

📍 Plassering: ___________________________________

Værforhold

☐   ☐   ☐   ☐   ☐   ☐   ▱ _______   🌡 _______

Skytevåpen:	
Kule:	Sittedybde:
Pulver:	Korn:
Primer:	
Messing:	
Avstand:	

Generelle resultater

☐ Dårlig   ☐ Rettferdig   ☐ Flink   ☐ Utmerket

Ytterligere merknader

____

____

____

☆ ☆ ☆ ☆ ☆

Den perfekte gaveideen for nybegynnere og profesjonelle

Dataloggbok for sportsskyting

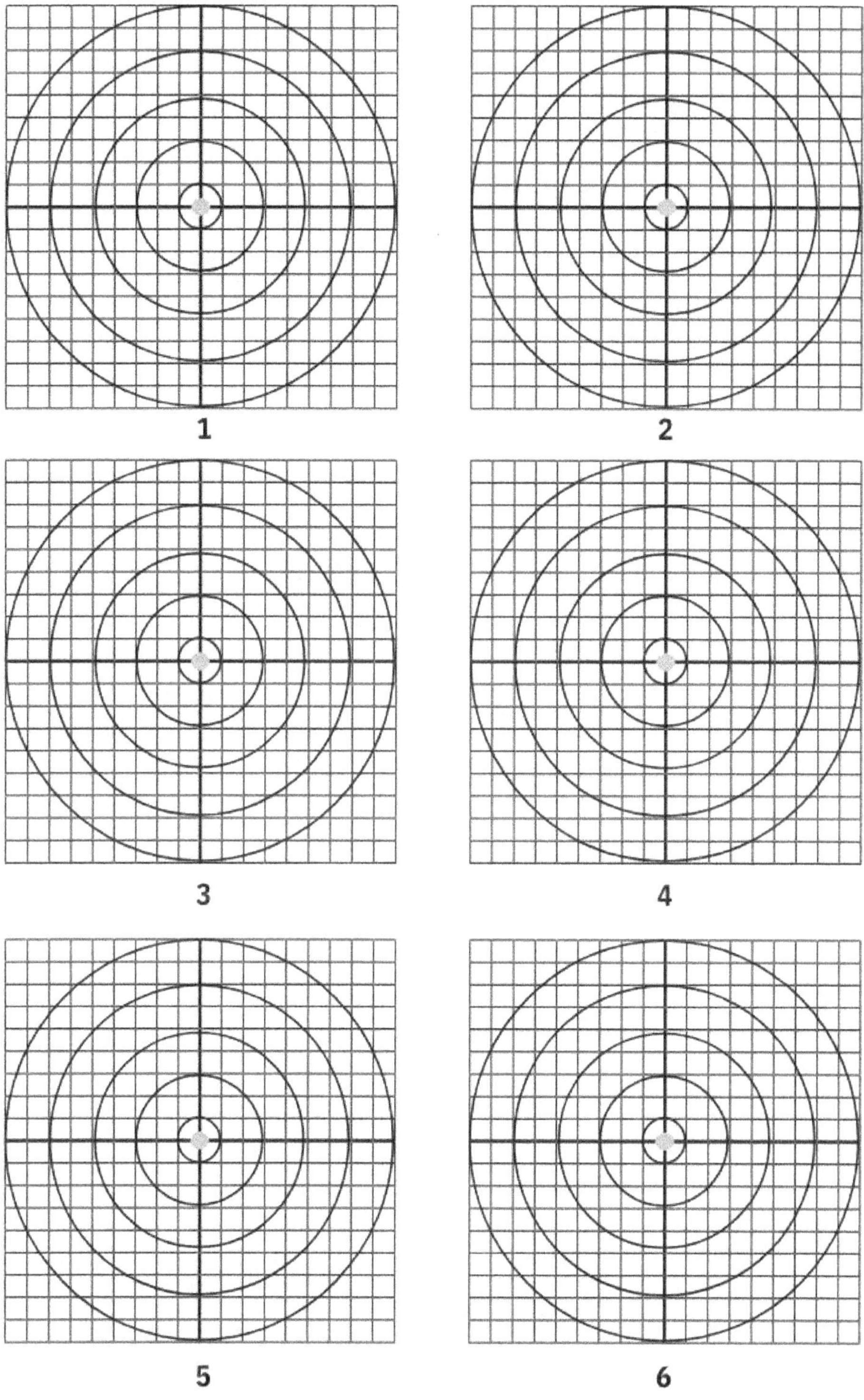

Den perfekte gaveideen for nybegynnere og profesjonelle

Dataloggbok for sportsskyting

📅 Dato: _________________________ 🕐 Tid: _____________

📍 Plassering: ____

Værforhold

☀ ☁ ⛅ 🌧 🌧 🌨 🚩 🌡
☐ ☐ ☐ ☐ ☐ ☐ _______ _______

Skytevåpen:	
Kule:	Sittedybde:
Pulver:	Korn:
Primer:	
Messing:	
Avstand:	

Generelle resultater

☐ Dårlig ☐ Rettferdig ☐ Flink ☐ Utmerket

Ytterligere merknader

____

____

☆ ☆ ☆ ☆ ☆

Den perfekte gaveideen for nybegynnere og profesjonelle

Dataloggbok for sportsskyting

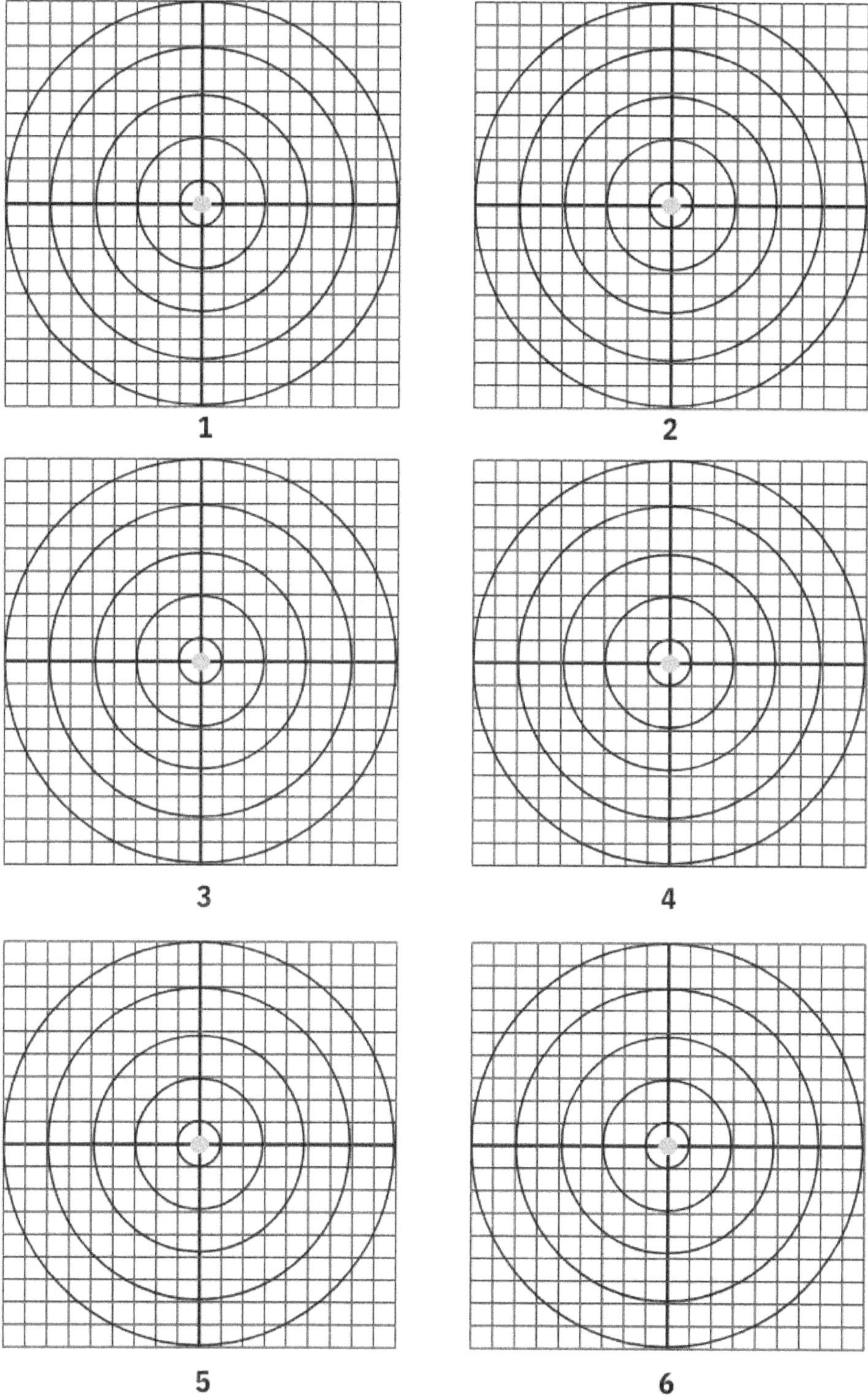

Den perfekte gaveideen for nybegynnere og profesjonelle

Dataloggbok for sportsskyting

Dato: _________________________ Tid: _____________

Plassering: ____

Værforhold

☐   ☐   ☐   ☐   ☐   ☐   ______   ______

Skytevåpen:	
Kule:	Sittedybde:
Pulver:	Korn:
Primer:	
Messing:	
Avstand:	

Generelle resultater

☐ Dårlig   ☐ Rettferdig   ☐ Flink   ☐ Utmerket

Ytterligere merknader

____

____

____

☆ ☆ ☆ ☆ ☆

Den perfekte gaveideen for nybegynnere og profesjonelle

Dataloggbok for sportsskyting

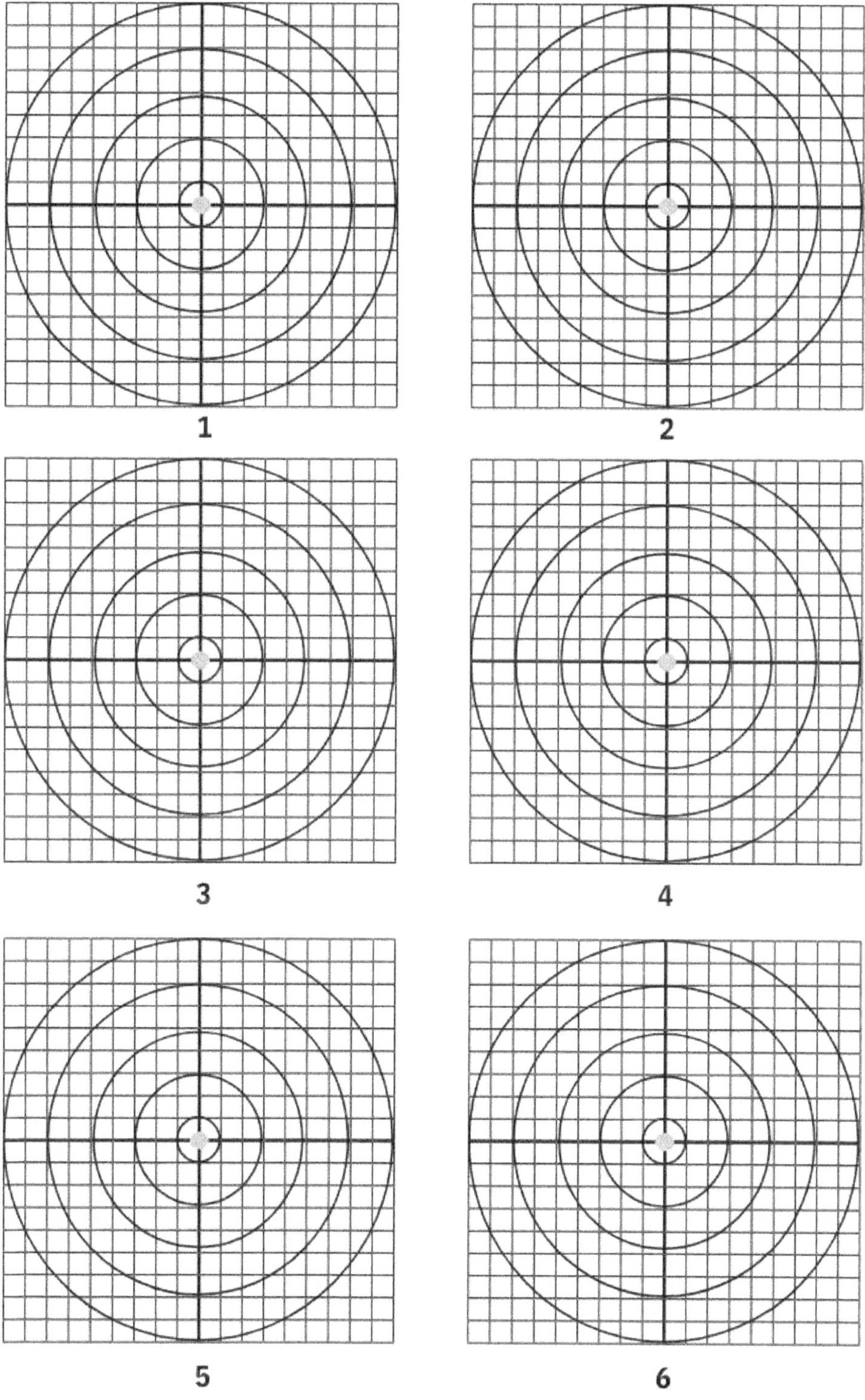

Den perfekte gaveideen for nybegynnere og profesjonelle

Dataloggbok for sportsskyting

📅 Dato: ______________________   🕐 Tid: __________

📍 Plassering: ________________________________

Værforhold

☐   ☐   ☐   ☐   ☐   ☐

Skytevåpen:

Kule:	Sittedybde:
Pulver:	Korn:

Primer:
Messing:
Avstand:

Generelle resultater

☐ Dårlig   ☐ Rettferdig   ☐ Flink   ☐ Utmerket

Ytterligere merknader

____

____

____

☆ ☆ ☆ ☆ ☆

Den perfekte gaveideen for nybegynnere og profesjonelle

Dataloggbok for sportsskyting

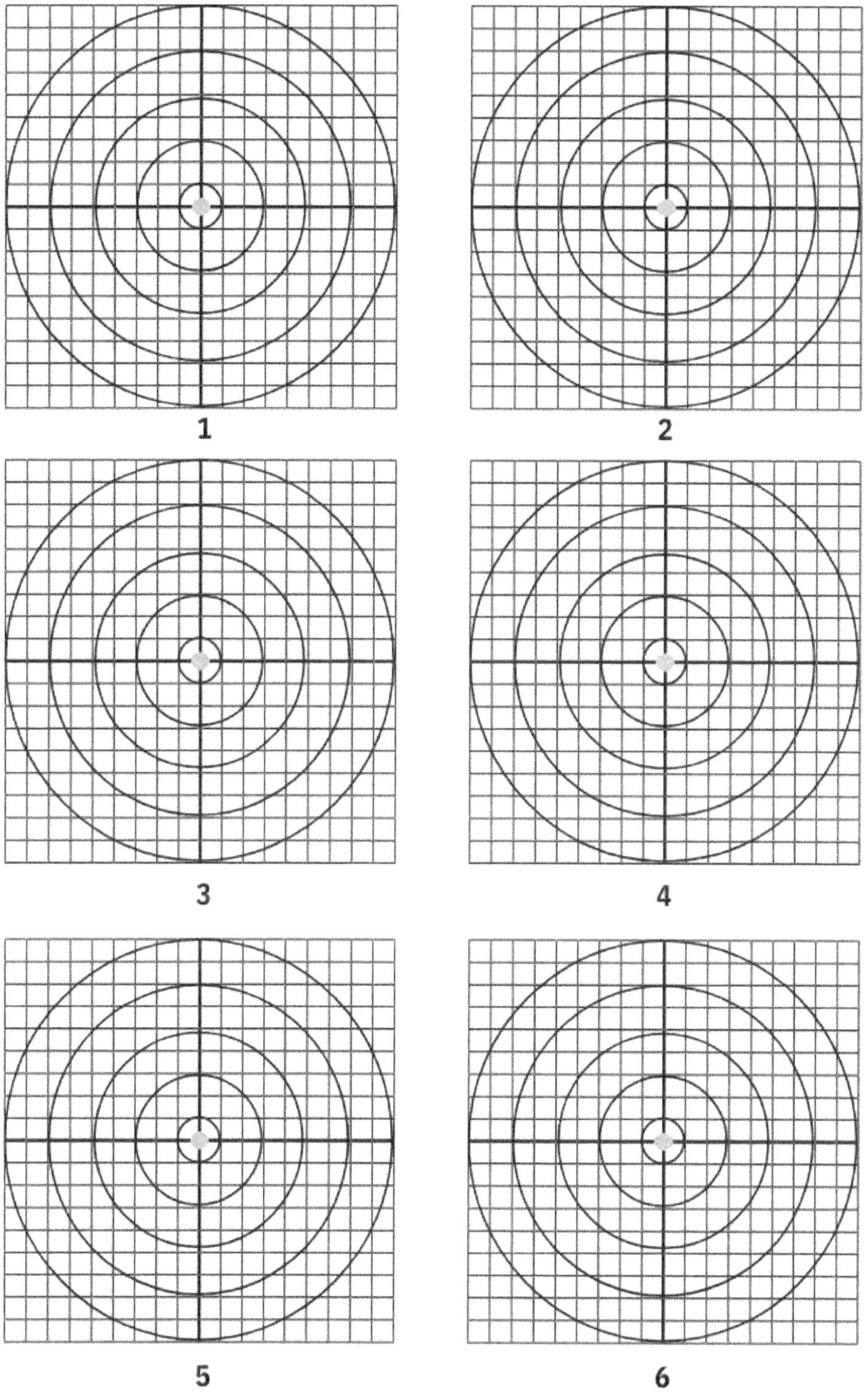

Den perfekte gaveideen for nybegynnere og profesjonelle

Dataloggbok for sportsskyting

📅 Dato: _________________________   🕐 Tid: __________

📍 Plassering: ____

Værforhold

☀ ☁ ⛅ 🌧 🌧 🌨 🚩 🌡

☐   ☐   ☐   ☐   ☐   ☐   ______   ______

Skytevåpen:	
Kule:	Sittedybde:
Pulver:	Korn:
Primer:	
Messing:	
Avstand:	

Generelle resultater

☐ Dårlig   ☐ Rettferdig   ☐ Flink   ☐ Utmerket

Ytterligere merknader

____

____

____

☆ ☆ ☆ ☆ ☆

Den perfekte gaveideen for nybegynnere og profesjonelle

Dataloggbok for sportsskyting

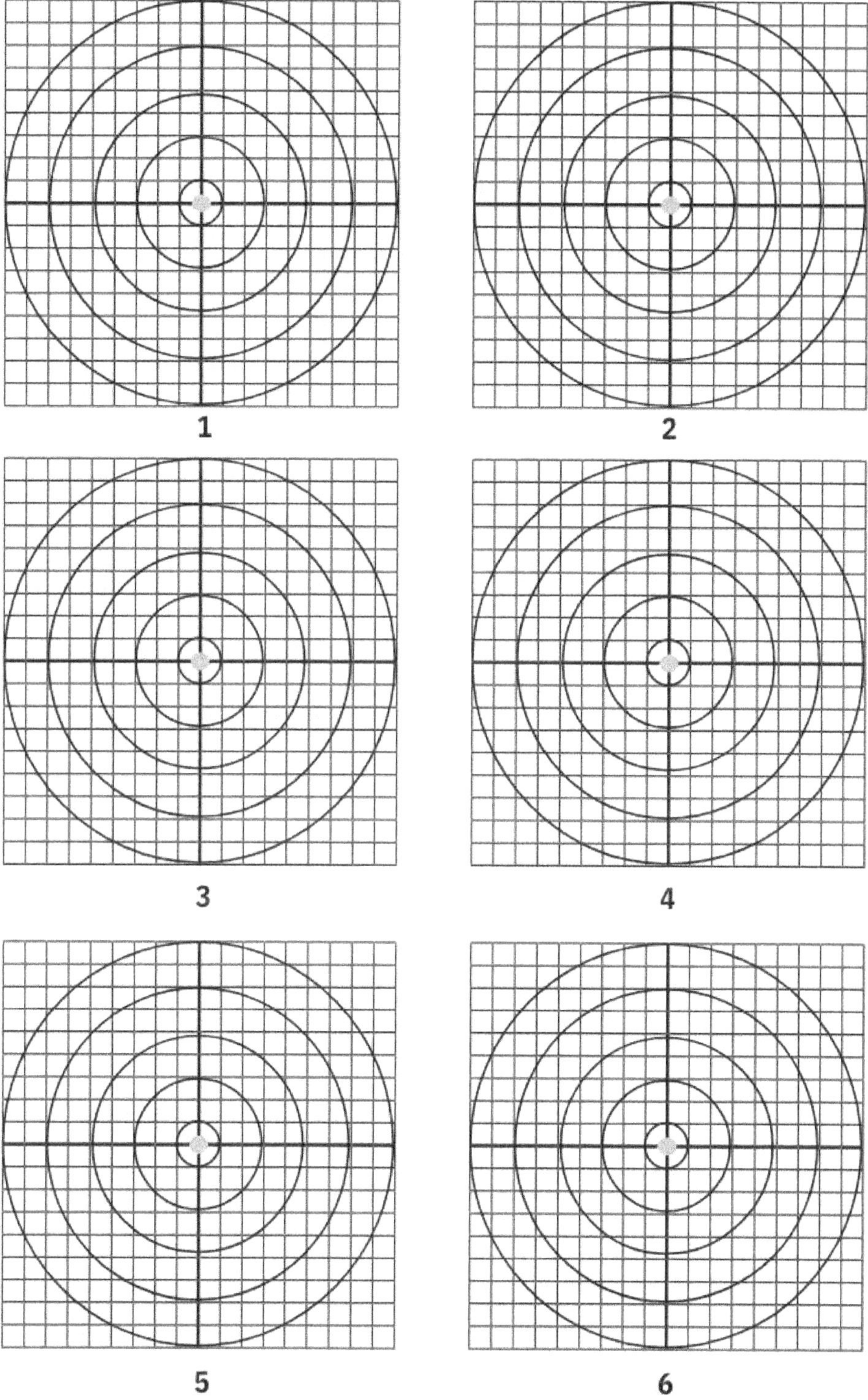

Den perfekte gaveideen for nybegynnere og profesjonelle

Dataloggbok for sportsskyting

📅 Dato: _______________________ 🕐 Tid: __________

📍 Plassering: _______________________________

Værforhold

☀ ☁ ⛅ 🌧 🌧 🌨 🚩 🌡
☐   ☐   ☐   ☐   ☐   ☐

Skytevåpen:	
Kule:	Sittedybde:
Pulver:	Korn:
Primer:	
Messing:	
Avstand:	

Generelle resultater

☐ Dårlig   ☐ Rettferdig   ☐ Flink   ☐ Utmerket

Ytterligere merknader

____

____

____

☆ ☆ ☆ ☆ ☆

Den perfekte gaveideen for nybegynnere og profesjonelle

Dataloggbok for sportsskyting

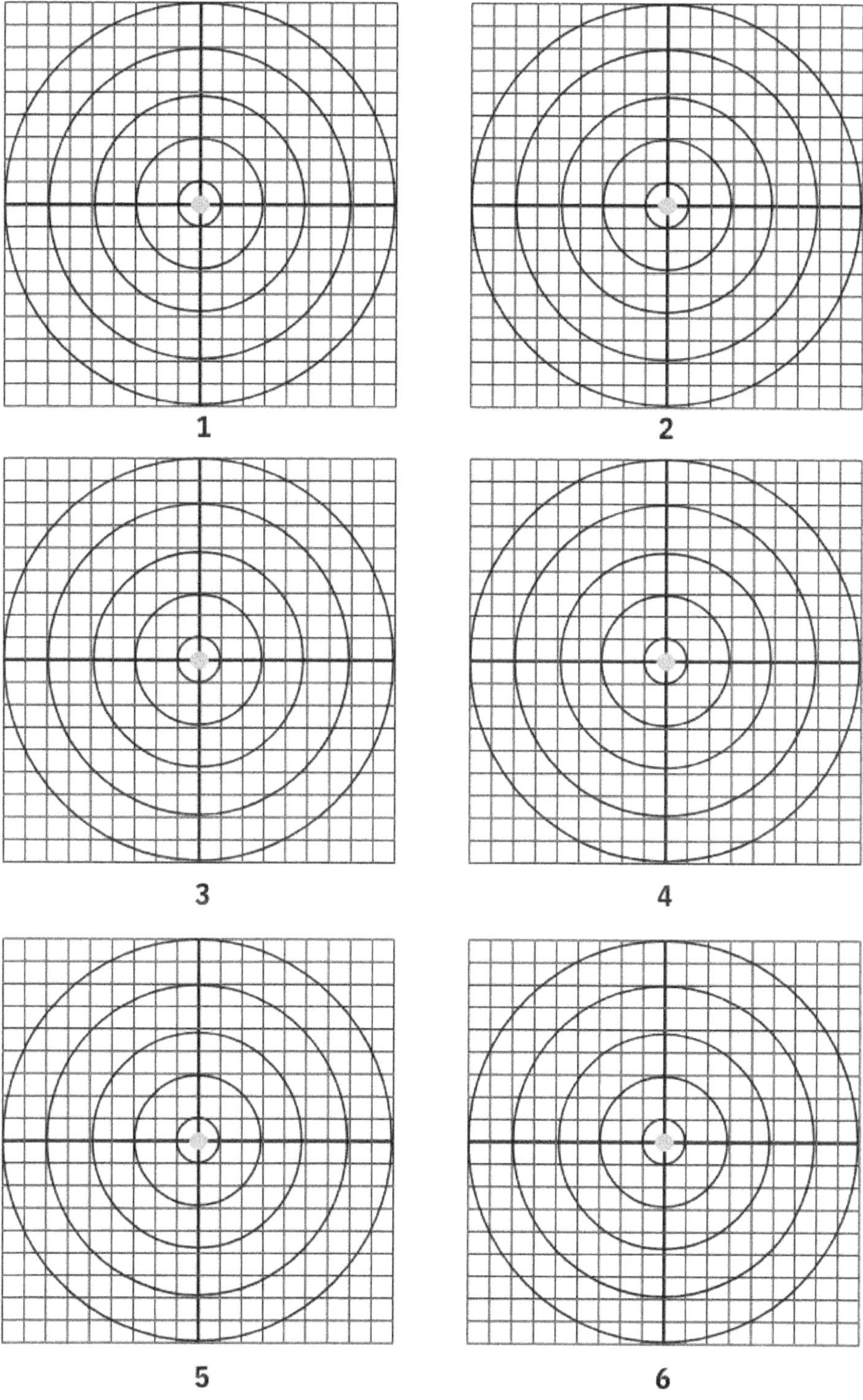

Den perfekte gaveideen for nybegynnere og profesjonelle

Dataloggbok for sportsskyting

📅 Dato: _________________ 🕐 Tid: _________

📍 Plassering: _______________________________

Værforhold

☀ ☁ ⛅ 🌦 🌧 🌨 🚩 🌡

□   □   □   □   □   □   ____   ____

Skytevåpen:	
Kule:	Sittedybde:
Pulver:	Korn:
Primer:	
Messing:	
Avstand:	

Generelle resultater

□ Dårlig   □ Rettferdig   □ Flink   □ Utmerket

Ytterligere merknader

____

____

____

☆ ☆ ☆ ☆ ☆

Den perfekte gaveideen for nybegynnere og profesjonelle

Dataloggbok for sportsskyting

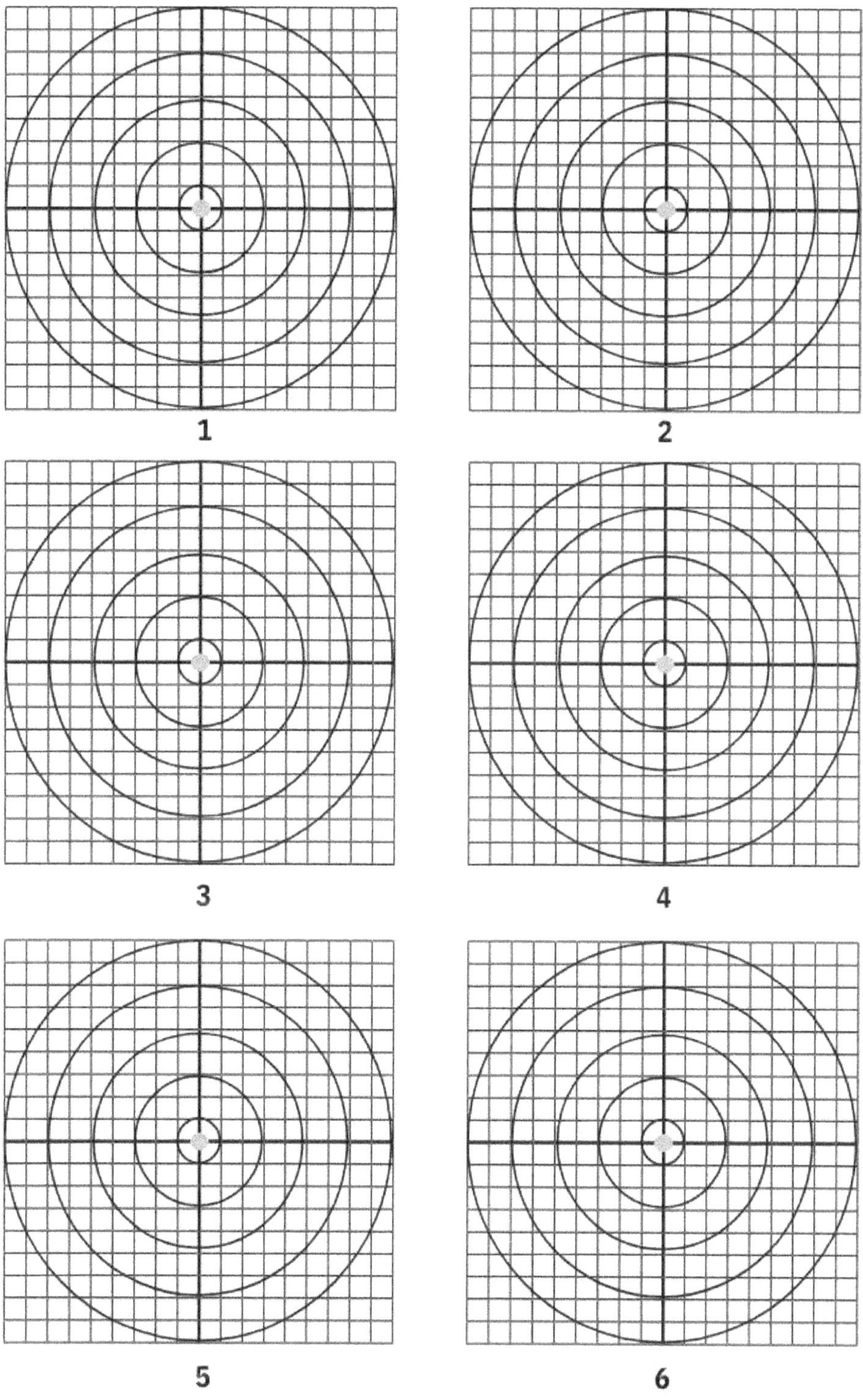

Den perfekte gaveideen for nybegynnere og profesjonelle

Dataloggbok for sportsskyting

📅 Dato: _______________________ 🕐 Tid: _______________

📍 Plassering: ____

Værforhold

☀ ☁ ⛅ 🌦 🌧 🌨 🚩 🌡
☐ ☐ ☐ ☐ ☐ ☐ ____ ____

Skytevåpen:	
Kule:	Sittedybde:
Pulver:	Korn:
Primer:	
Messing:	
Avstand:	

Generelle resultater

☐ Dårlig   ☐ Rettferdig   ☐ Flink   ☐ Utmerket

Ytterligere merknader

____

____

____

☆ ☆ ☆ ☆ ☆

Den perfekte gaveideen før nybegynnere og profesjonelle

Dataloggbok for sportsskyting

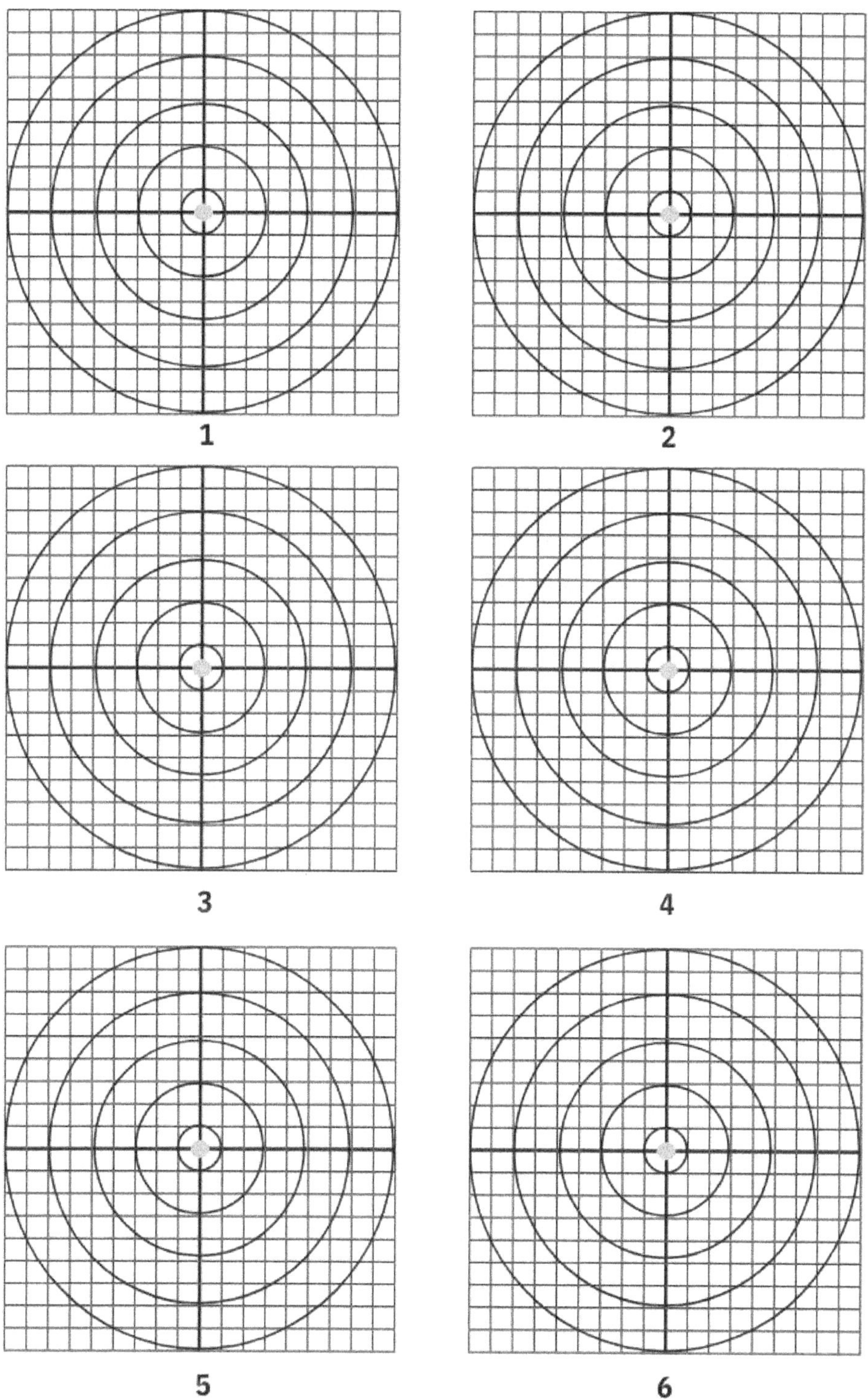

Den perfekte gaveideen for nybegynnere og profesjonelle

Dataloggbok for sportsskyting

📅 Dato: _______________________   🕐 Tid: __________

📍 Plassering: _________________________________

Værforhold

☐   ☐   ☐   ☐   ☐   ☐   _______   _______

Skytevåpen:	
Kule:	Sittedybde:
Pulver:	Korn:
Primer:	
Messing:	
Avstand:	

Generelle resultater

☐ Dårlig   ☐ Rettferdig   ☐ Flink   ☐ Utmerket

Ytterligere merknader

____

____

____

☆ ☆ ☆ ☆ ☆

Den perfekte gaveideen for nybegynnere og profesjonelle

Dataloggbok for sportsskyting

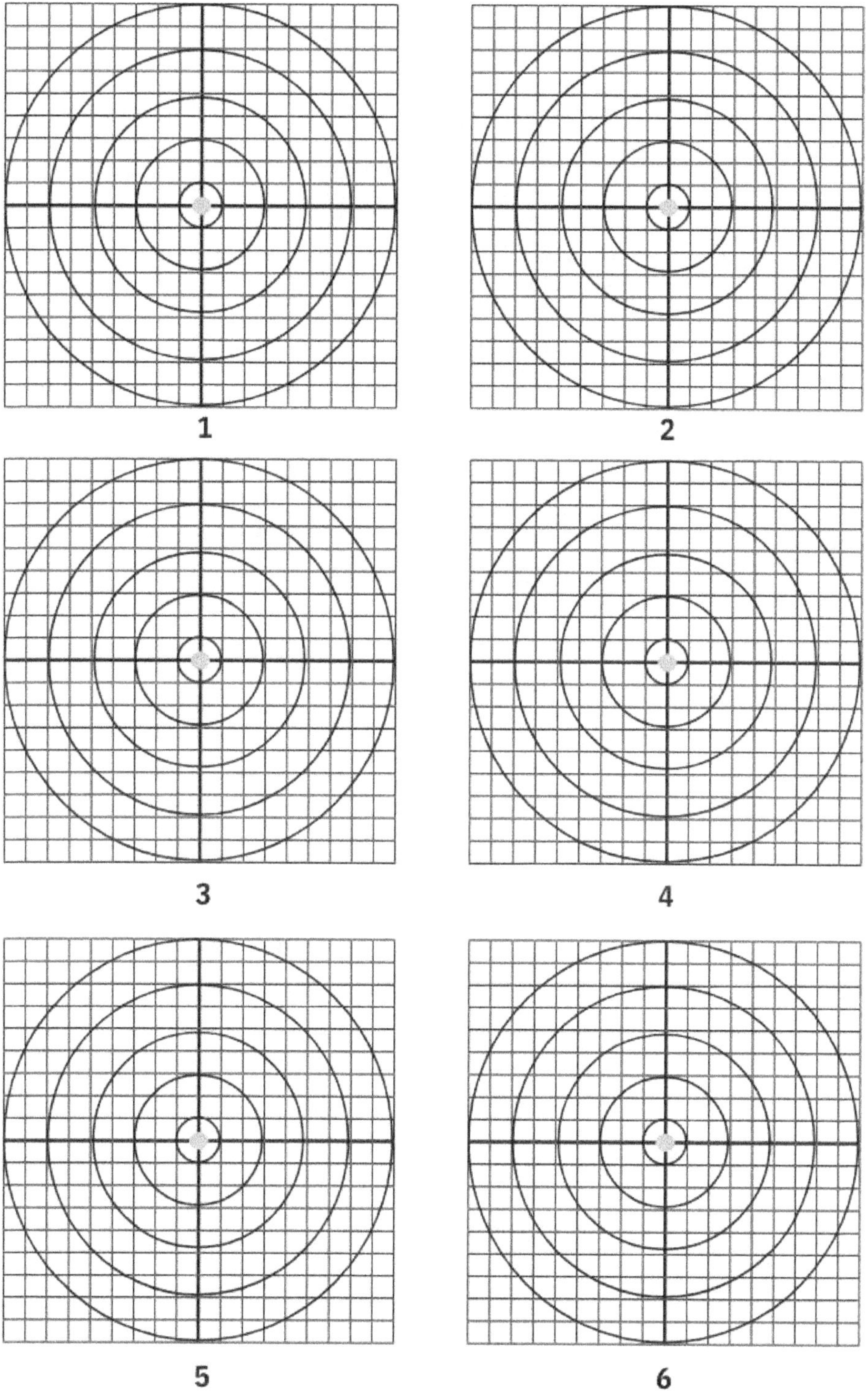

Den perfekte gaveideen for nybegynnere og profesjonelle

Dataloggbok for sportsskyting

📅 Dato: _________________   🕐 Tid: _________

📍 Plassering: _________________________________

Værforhold

☐   ☐   ☐   ☐   ☐   ☐   _____   _____

Skytevåpen:	
Kule:	Sittedybde:
Pulver:	Korn:
Primer:	
Messing:	
Avstand:	

Generelle resultater

☐ Dårlig   ☐ Rettferdig   ☐ Flink   ☐ Utmerket

Ytterligere merknader

____

____

____

☆ ☆ ☆ ☆ ☆

Den perfekte gaveideen for nybegynnere og profesjonelle

Dataloggbok for sportsskyting

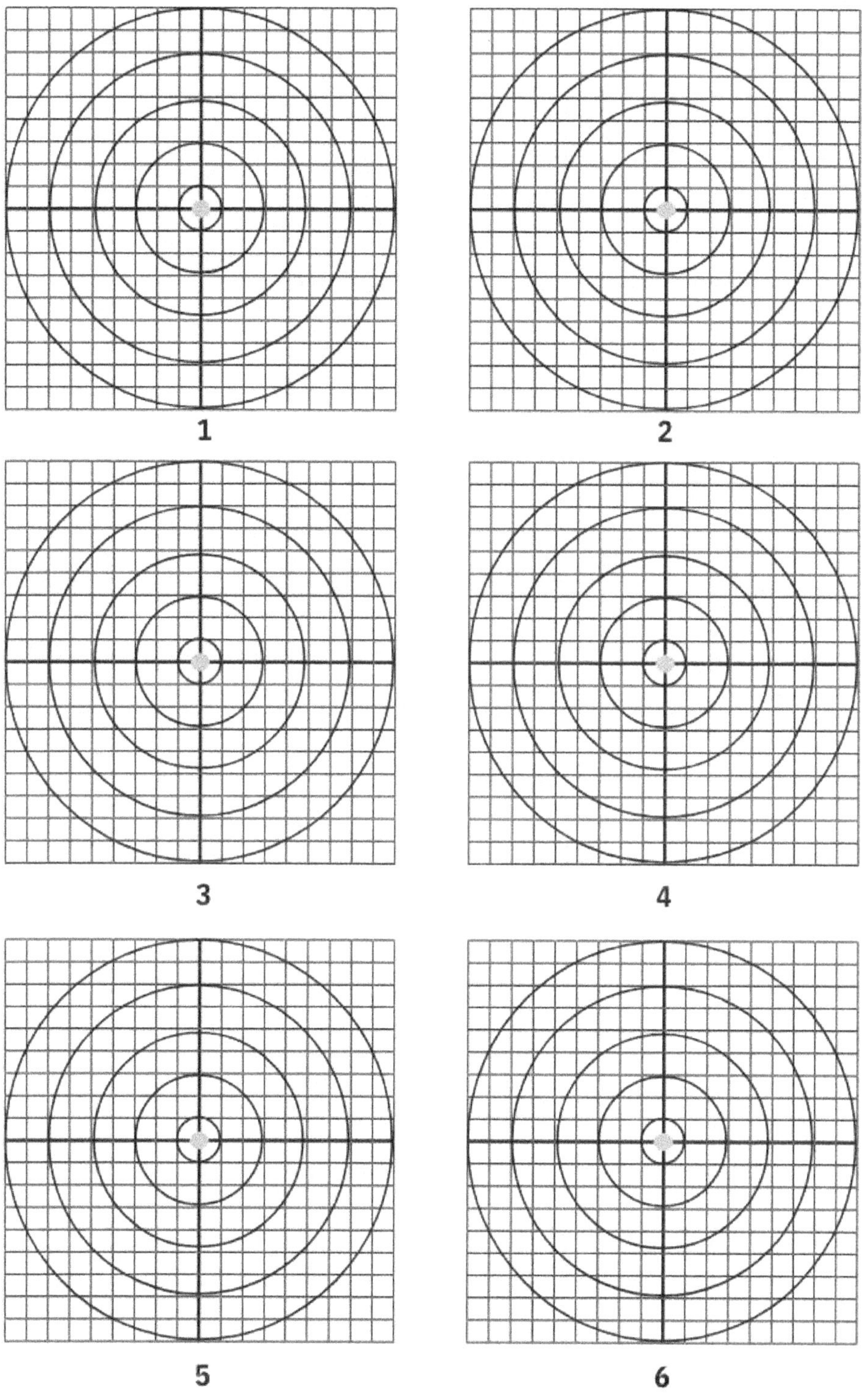

Den perfekte gaveideen for nybegynnere og profesjonelle

Dataloggbok for sportsskyting

📅 Dato: _______________________   🕐 Tid: _______________

📍 Plassering: _______________________________________

Værforhold

☀ ☐   ⛅ ☐   🌥 ☐   🌦 ☐   ☁ ☐   🌨 ☐   🚩 _______   🌡 _______

Skytevåpen:	
Kule:	Sittedybde:
Pulver:	Korn:
Primer:	
Messing:	
Avstand:	

Generelle resultater

☐ Dårlig   ☐ Rettferdig   ☐ Flink   ☐ Utmerket

Ytterligere merknader

____

____

____

☆ ☆ ☆ ☆ ☆

Den perfekte gaveideen for nybegynnere og profesjonelle

Dataloggbok for sportsskyting

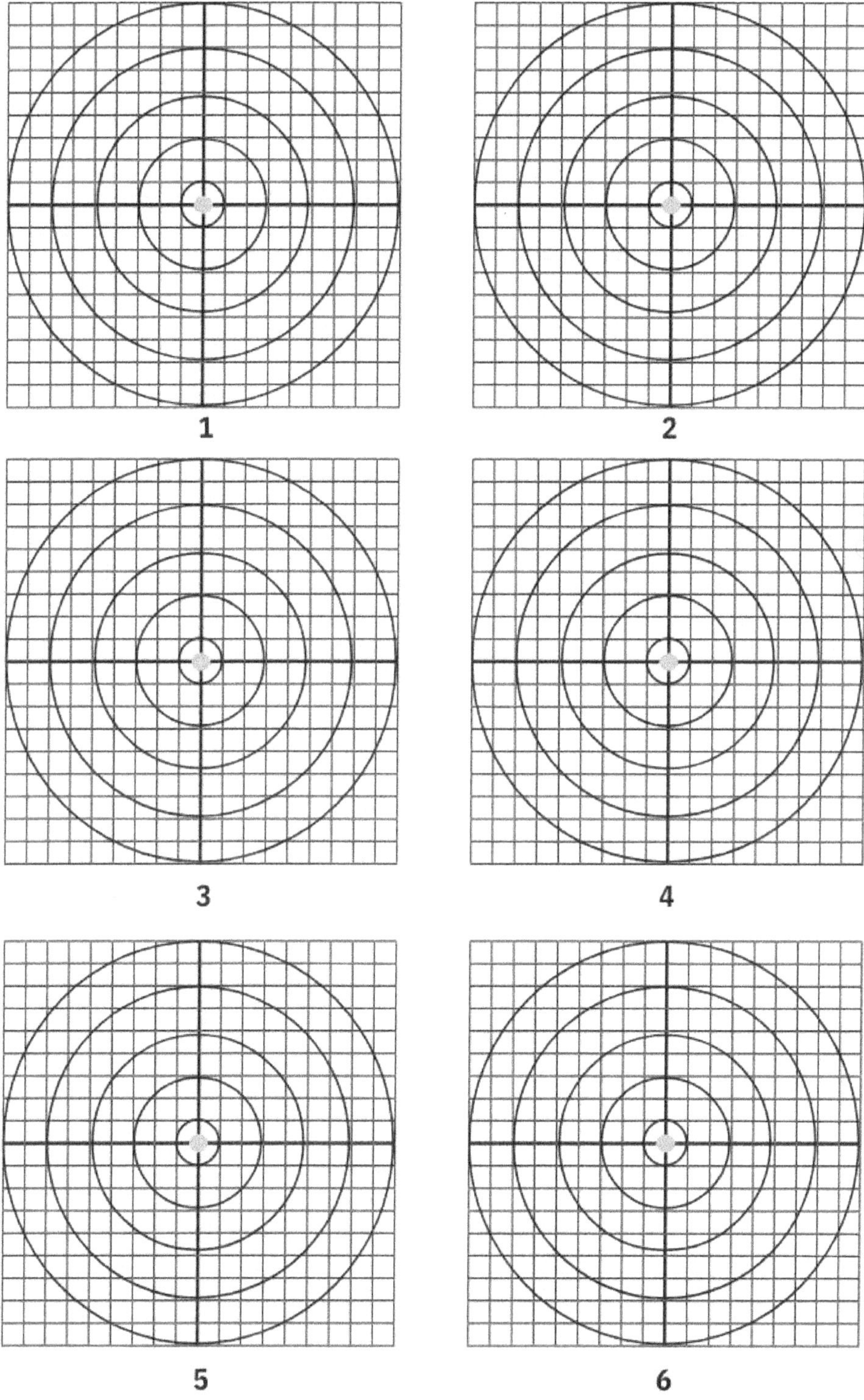

Den perfekte gaveideen for nybegynnere og profesjonelle

Dataloggbok for sportsskyting

📅 Dato: _______________   🕐 Tid: _______________

📍 Plassering: _______________

Værforhold

☐   ☐   ☐   ☐   ☐   ☐   _______   _______

Skytevåpen:	
Kule:	Sittedybde:
Pulver:	Korn:
Primer:	
Messing:	
Avstand:	

Generelle resultater

☐ Dårlig   ☐ Rettferdig   ☐ Flink   ☐ Utmerket

Ytterligere merknader

____

____

____

☆ ☆ ☆ ☆ ☆

Den perfekte gaveideen før nybegynnere og profesjonelle

Dataloggbok for sportsskyting

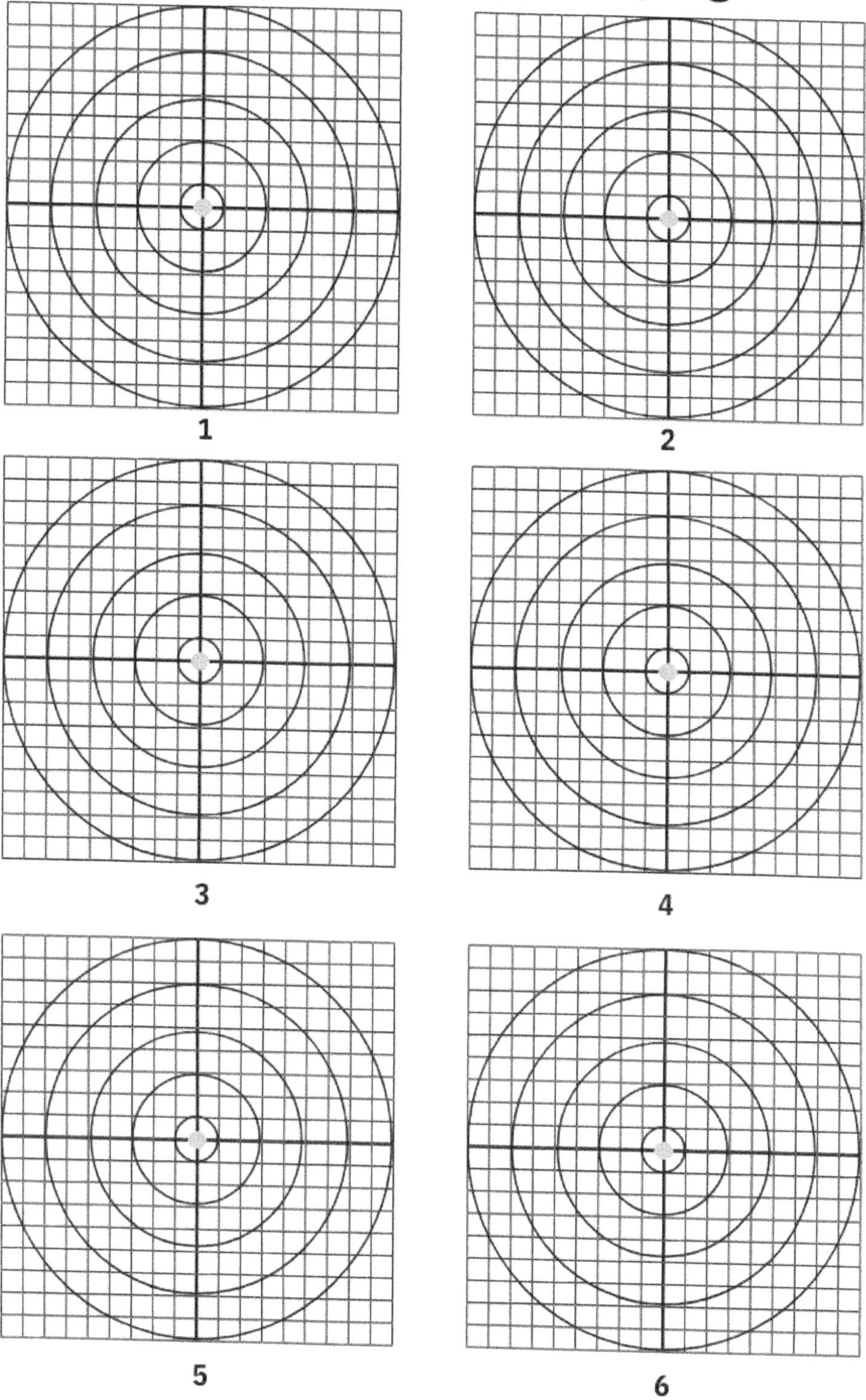

Den perfekte gaveideen for nybegynnere og profesjonelle

Dataloggbok for sportsskyting

📅 Dato: ______________________   🕐 Tid: ____________

📍 Plassering: ________________________________

Værforhold

Skytevåpen:	
Kule:	Sittedybde:
Pulver:	Korn:
Primer:	
Messing:	
Avstand:	

Generelle resultater

☐ Dårlig   ☐ Rettferdig   ☐ Flink   ☐ Utmerket

Ytterligere merknader

____

____

____

☆ ☆ ☆ ☆ ☆

Den perfekte gaveideen før nybegynnere og profesjonelle

Dataloggbok for sportsskyting

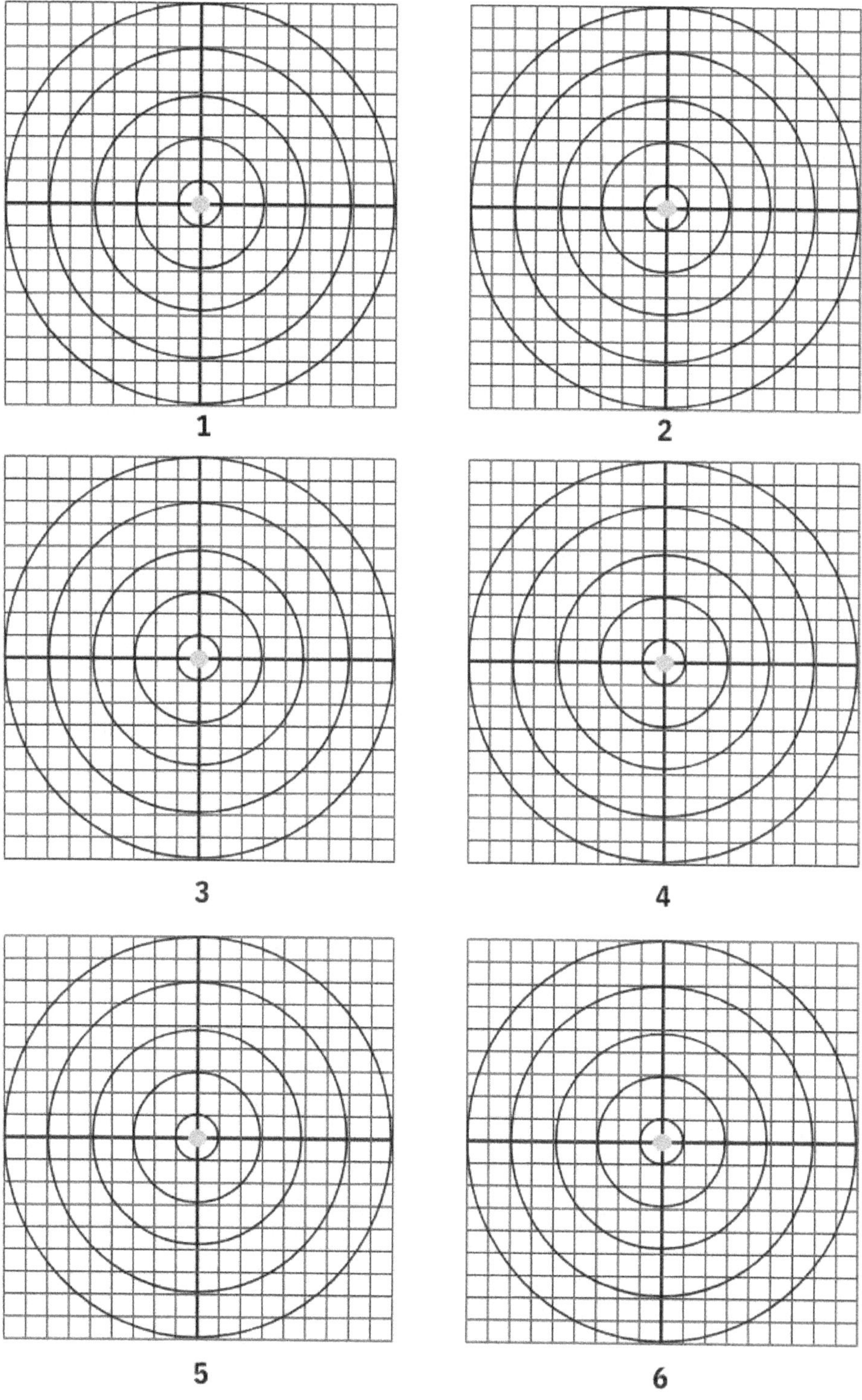

Den perfekte gaveideen for nybegynnere og profesjonelle

Dataloggbok for sportsskyting

📅 Dato: _______________   🕐 Tid: _________

📍 Plassering: _______________________

Værforhold

☀ ☐   ⛅ ☐   🌥 ☐   🌦 ☐   🌧 ☐   🌨 ☐   🚩 _______   🌡 _______

Skytevåpen:	
Kule:	Sittedybde:
Pulver:	Korn:
Primer:	
Messing:	
Avstand:	

Generelle resultater

☐ Dårlig   ☐ Rettferdig   ☐ Flink   ☐ Utmerket

Ytterligere merknader

____

____

____

☆ ☆ ☆ ☆ ☆

Den perfekte gaveideen for nybegynnere og profesjonelle

Dataloggbok for sportsskyting

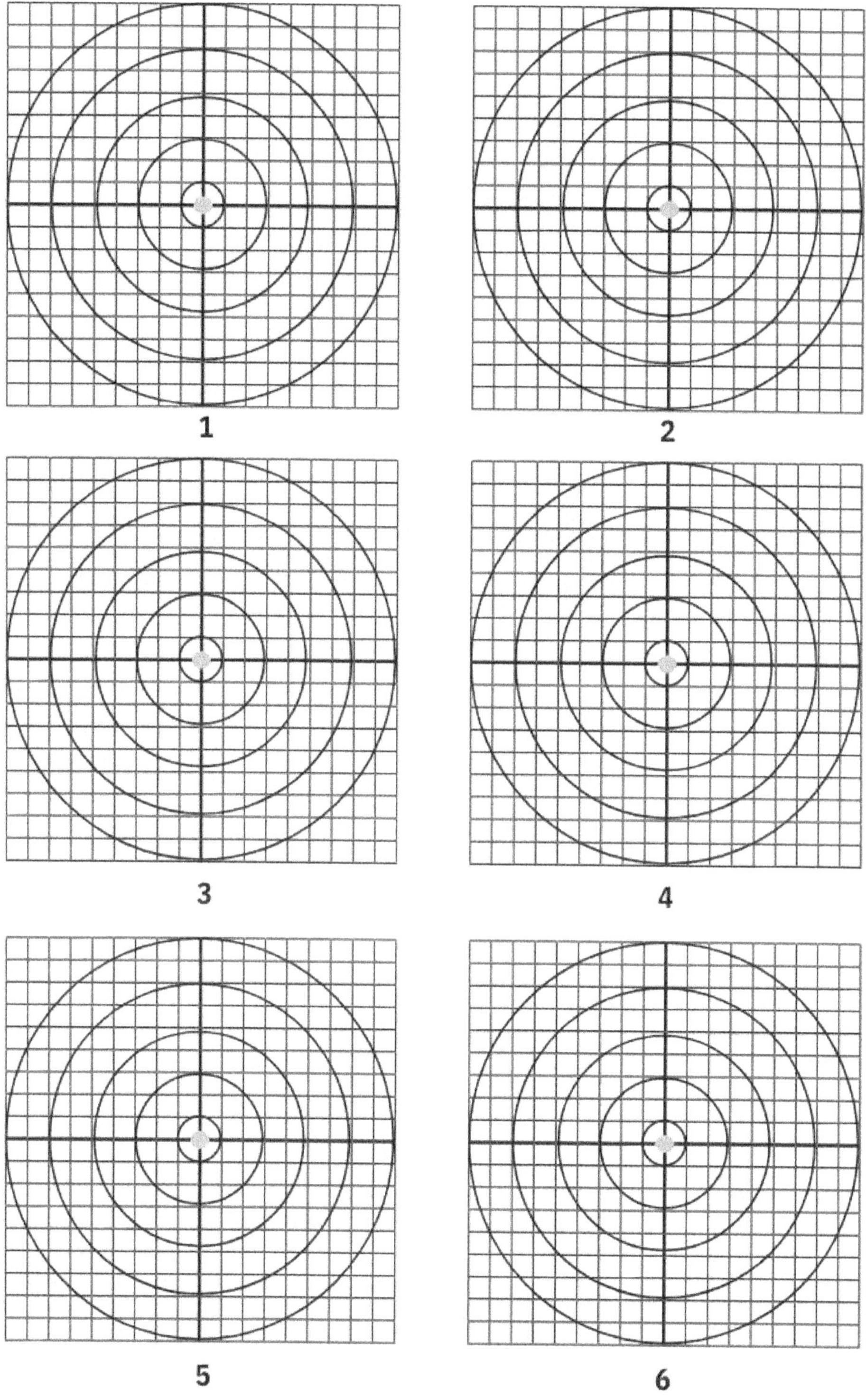

Den perfekte gaveideen for nybegynnere og profesjonelle

Dataloggbok for sportsskyting

📅 Dato: _______________________ 🕐 Tid: __________

📍 Plassering: _________________________________

Værforhold

☐   ☐   ☐   ☐   ☐   ☐

Skytevåpen:	
Kule:	Sittedybde:
Pulver:	Korn:
Primer:	
Messing:	
Avstand:	

Generelle resultater

☐ Dårlig   ☐ Rettferdig   ☐ Flink   ☐ Utmerket

Ytterligere merknader

____

____

____

☆ ☆ ☆ ☆ ☆

Den perfekte gaveideen for nybegynnere og profesjonelle

Dataloggbok for sportsskyting

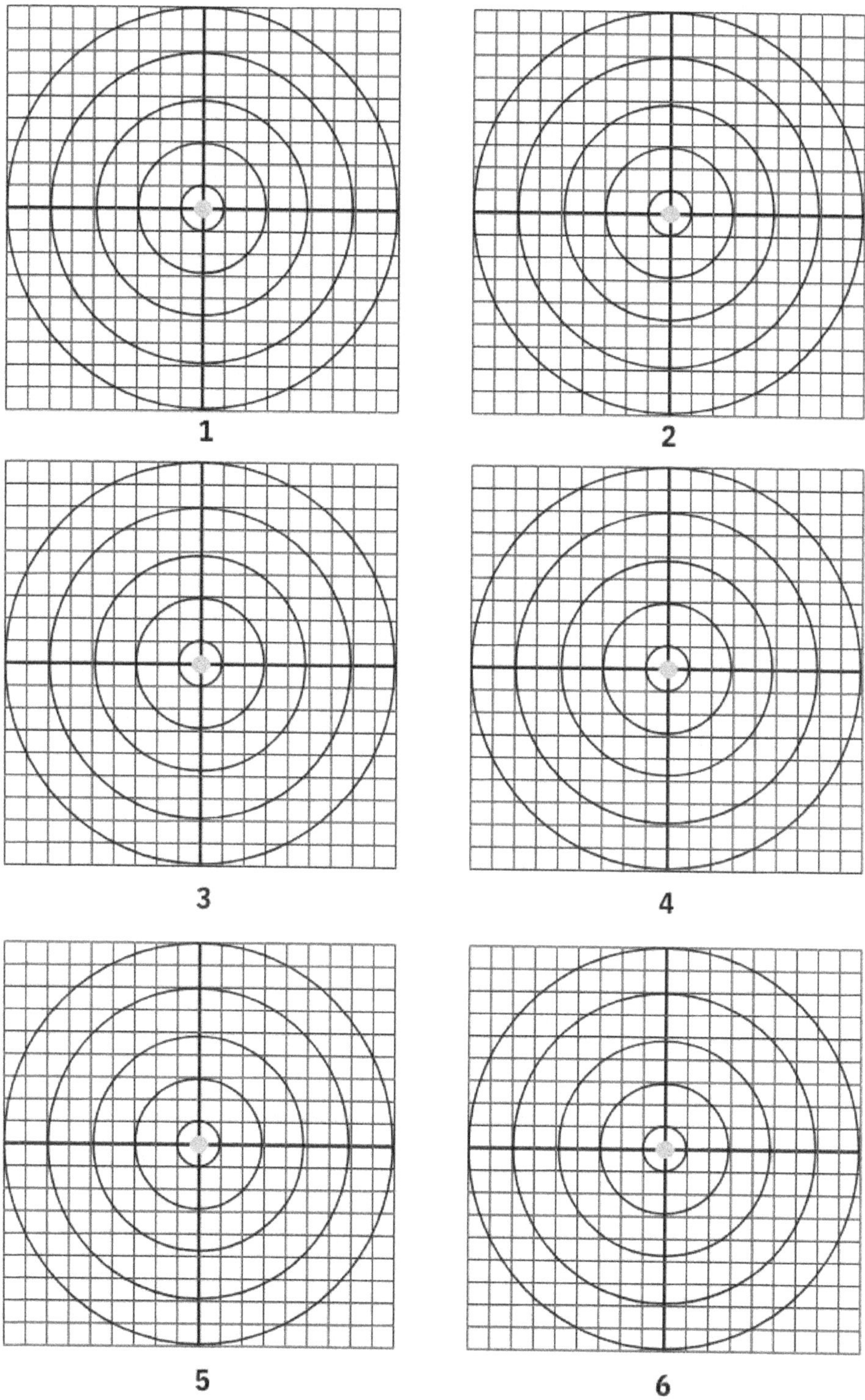

Den perfekte gaveideen for nybegynnere og profesjonelle

Dataloggbok for sportsskyting

📅 Dato: _______________   🕐 Tid: _______________

📍 Plassering: _______________________________

Værforhold

☐   ☐   ☐   ☐   ☐   ☐   _______   _______

Skytevåpen:	
Kule:	Sittedybde:
Pulver:	Korn:
Primer:	
Messing:	
Avstand:	

Generelle resultater

☐ Dårlig   ☐ Rettferdig   ☐ Flink   ☐ Utmerket

Ytterligere merknader

____

____

____

☆ ☆ ☆ ☆ ☆

Den perfekte gaveideen for nybegynnere og profesjonelle

Dataloggbok for sportsskyting

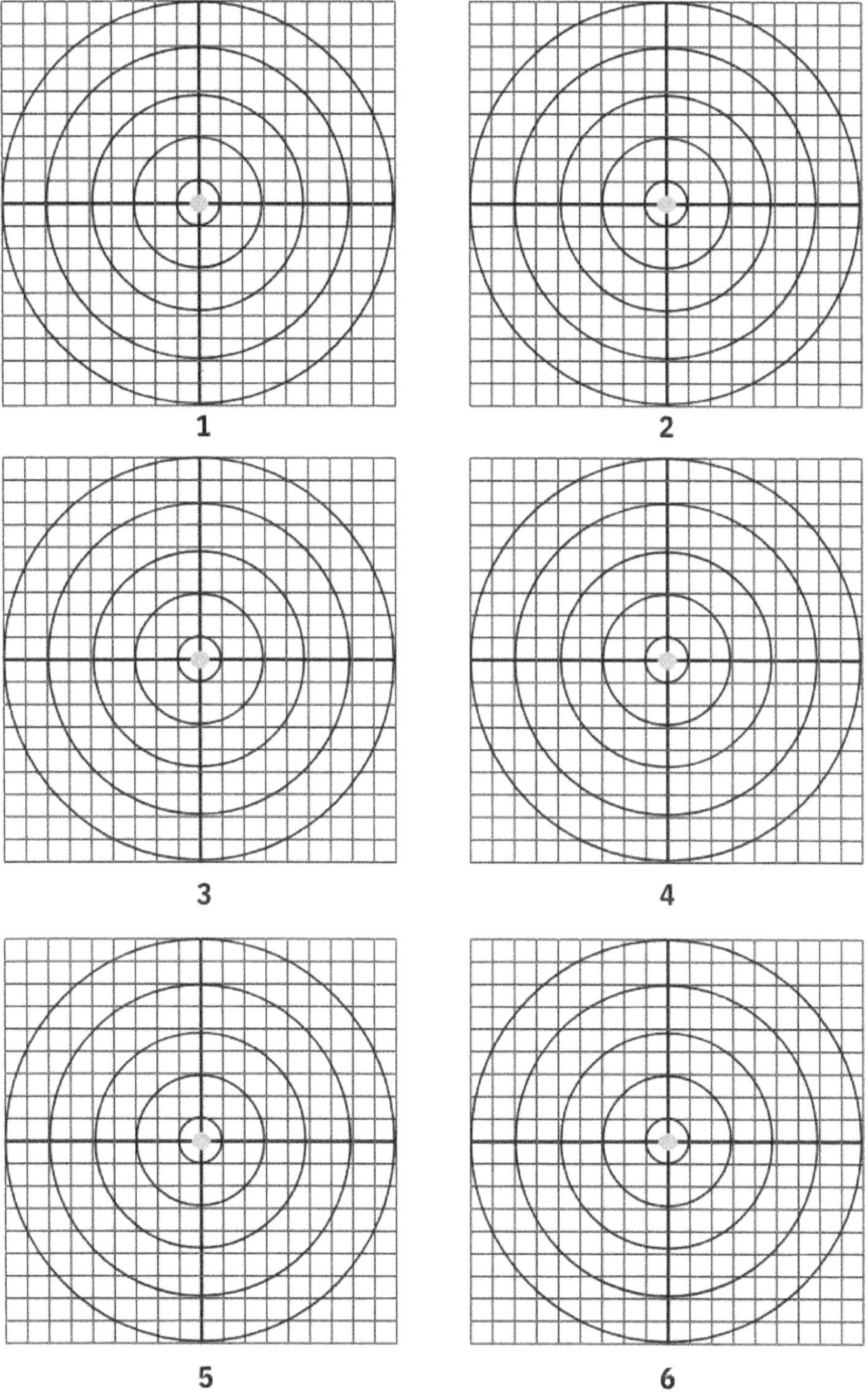

Den perfekte gaveideen for nybegynnere og profesjonelle

Dataloggbok for sportsskyting

📅 Dato: _________________   🕐 Tid: _________

📍 Plassering: _________________________________

Værforhold

☀ ☁ ⛅ 🌧 🌧 🌨 🚩 🌡

☐   ☐   ☐   ☐   ☐   ☐

Skytevåpen:	
Kule:	Sittedybde:
Pulver:	Korn:
Primer:	
Messing:	
Avstand:	

Generelle resultater

☐ Dårlig   ☐ Rettferdig   ☐ Flink   ☐ Utmerket

Ytterligere merknader

____

____

____

☆ ☆ ☆ ☆ ☆

Den perfekte gaveideen for nybegynnere og profesjonelle

Dataloggbok for sportsskyting

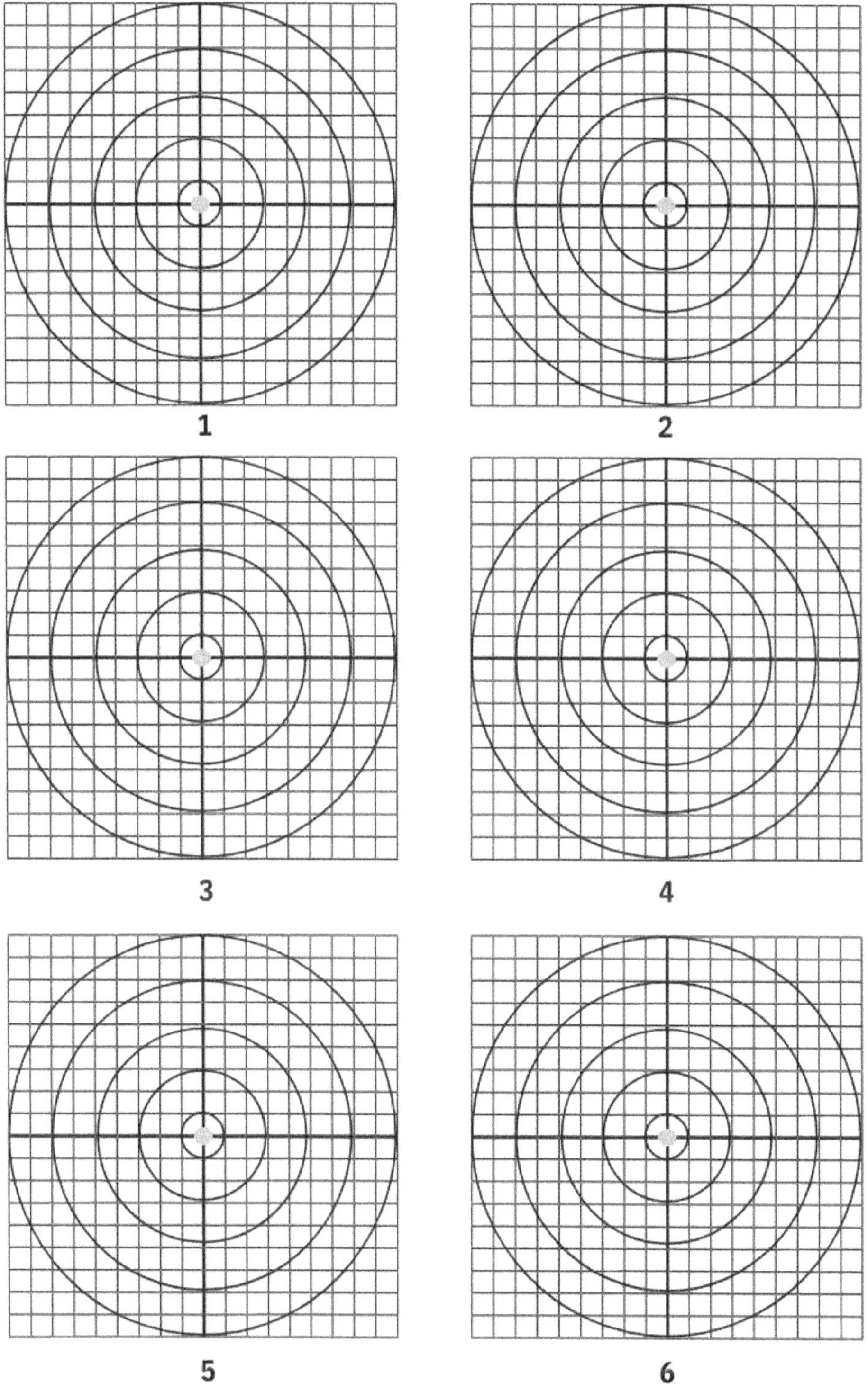

Den perfekte gaveideen for nybegynnere og profesjonelle

Dataloggbok for sportsskyting

📅 Dato: _________________________ 🕐 Tid: _____________

📍 Plassering: _________________________________

Værforhold

☀ ☁ ⛅ ☁ 🌧 🌨 🚩 🌡
☐ ☐ ☐ ☐ ☐ ☐ ___ ___

Skytevåpen:	
Kule:	Sittedybde:
Pulver:	Korn:
Primer:	
Messing:	
Avstand:	

Generelle resultater

☐ Dårlig ☐ Rettferdig ☐ Flink ☐ Utmerket

Ytterligere merknader

____

____

____

☆ ☆ ☆ ☆ ☆

Den perfekte gaveideen for nybegynnere og profesjonelle

Dataloggbok for sportsskyting

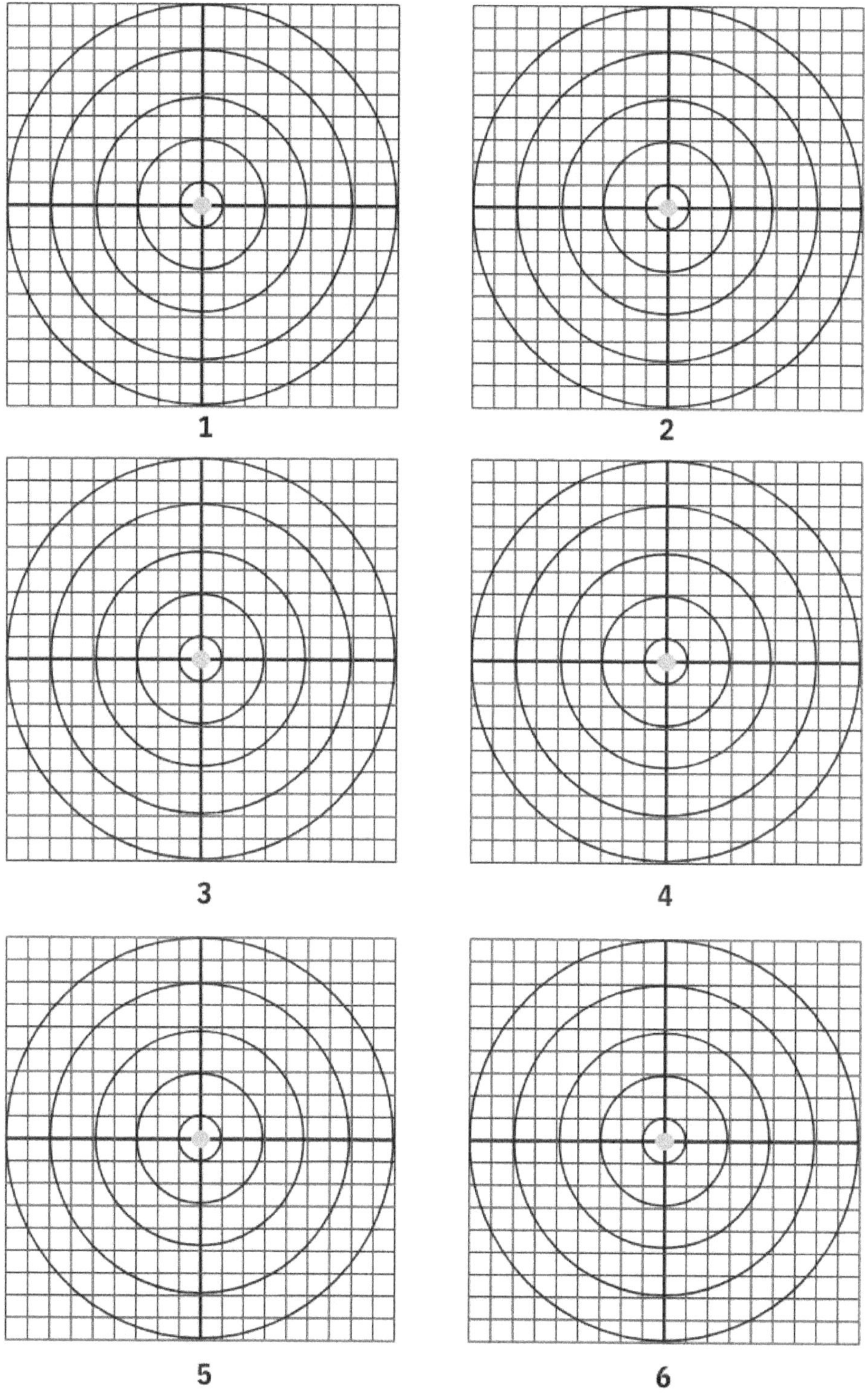

Den perfekte gaveideen for nybegynnere og profesjonelle

Dataloggbok for sportsskyting

📅 Dato: _________________ 🕐 Tid: _________

📍 Plassering: _______________________________

Værforhold

☀ ☁ ⛅ 🌦 🌧 🌨 🚩 🌡
☐ ☐ ☐ ☐ ☐ ☐ ___ ___

Skytevåpen:	
Kule:	Sittedybde:
Pulver:	Korn:
Primer:	
Messing:	
Avstand:	

Generelle resultater

☐ Dårlig ☐ Rettferdig ☐ Flink ☐ Utmerket

Ytterligere merknader

____

____

____

☆ ☆ ☆ ☆ ☆

Den perfekte gaveideen for nybegynnere og profesjonelle

Dataloggbok for sportsskyting

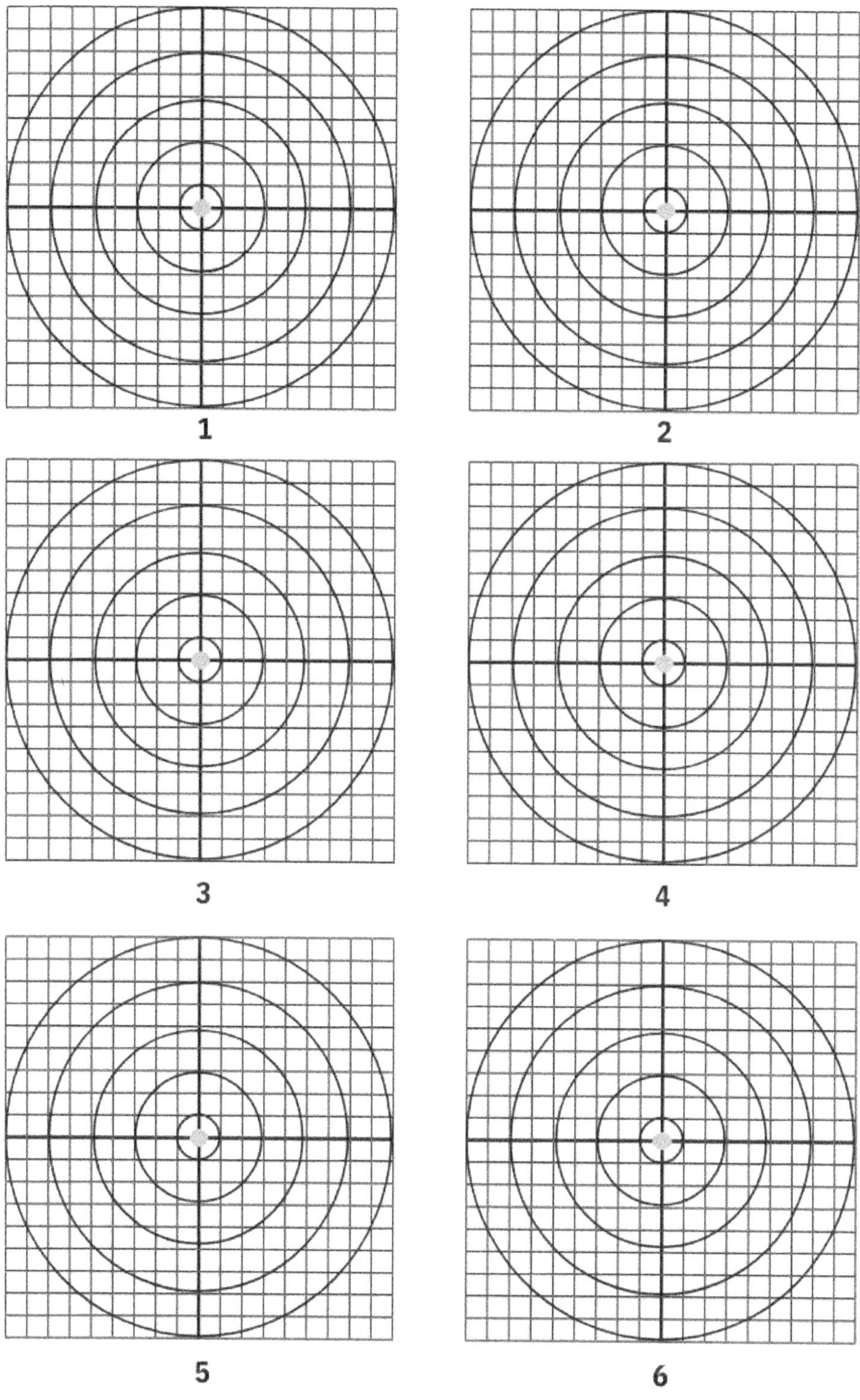

Den perfekte gaveideen for nybegynnere og profesjonelle

Dataloggbok for sportsskyting

📅 Dato: ________________ 🕐 Tid: _______

📍 Plassering: _____________________

Værforhold

☐ ☐ ☐ ☐ ☐ ☐

Skytevåpen:	
Kule:	Sittedybde:
Pulver:	Korn:
Primer:	
Messing:	
Avstand:	

Generelle resultater

☐ Dårlig ☐ Rettferdig ☐ Flink ☐ Utmerket

Ytterligere merknader

____

____

____

☆ ☆ ☆ ☆ ☆

Den perfekte gaveideen for nybegynnere og profesjonelle

Dataloggbok for sportsskyting

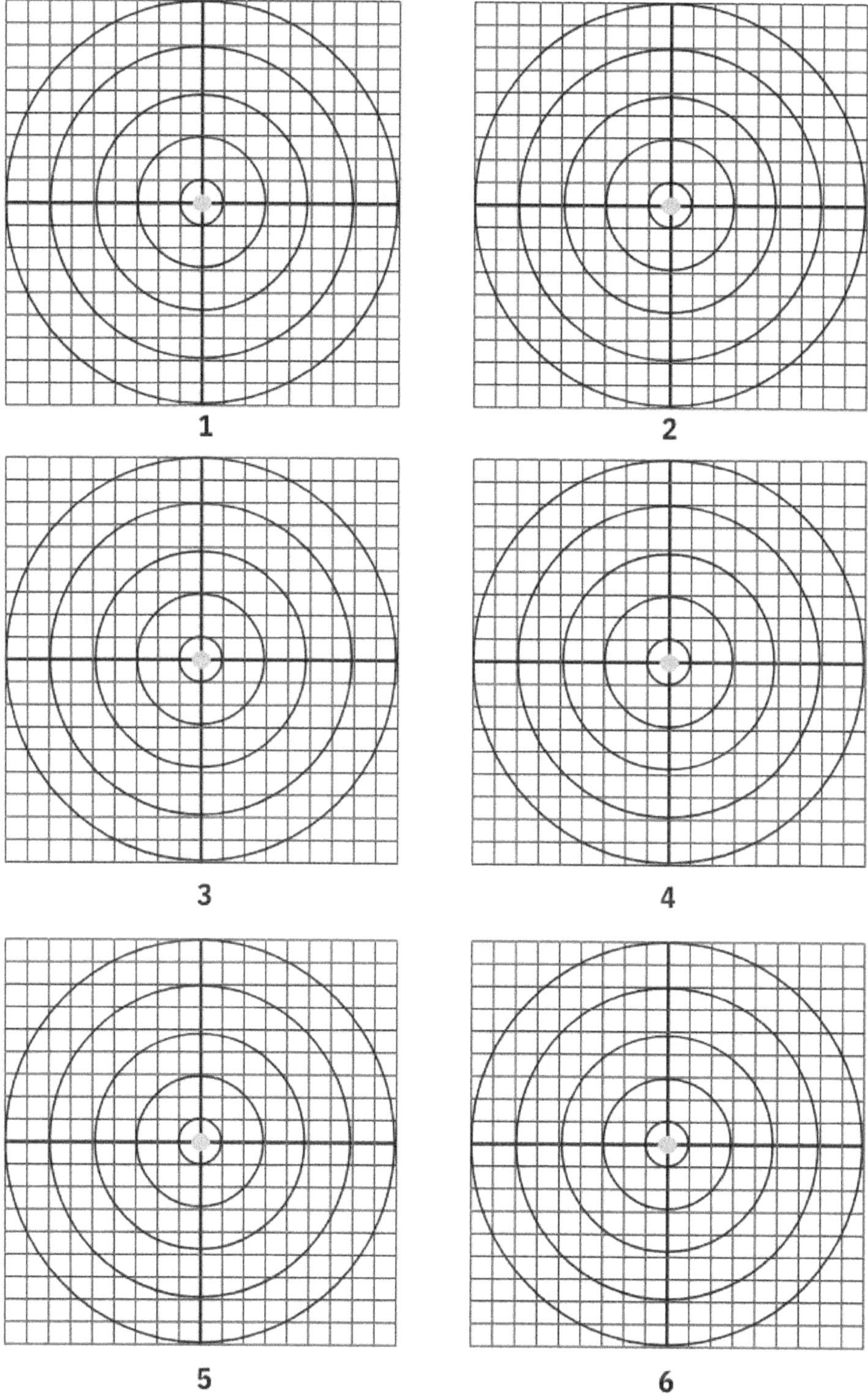

Den perfekte gaveideen for nybegynnere og profesjonelle

Dataloggbok for sportsskyting

📅 Dato: _________________   🕐 Tid: _________

📍 Plassering: _________________________________

Værforhold

☀ ☁ ⛅ 🌧 🌧 🌨 🚩 🌡
☐   ☐   ☐   ☐   ☐   ☐

Skytevåpen:	
Kule:	Sittedybde:
Pulver:	Korn:
Primer:	
Messing:	
Avstand:	

Generelle resultater

☐ Dårlig   ☐ Rettferdig   ☐ Flink   ☐ Utmerket

Ytterligere merknader

____

____

____

☆ ☆ ☆ ☆ ☆

Den perfekte gaveideen for nybegynnere og profesjonelle

Dataloggbok for sportsskyting

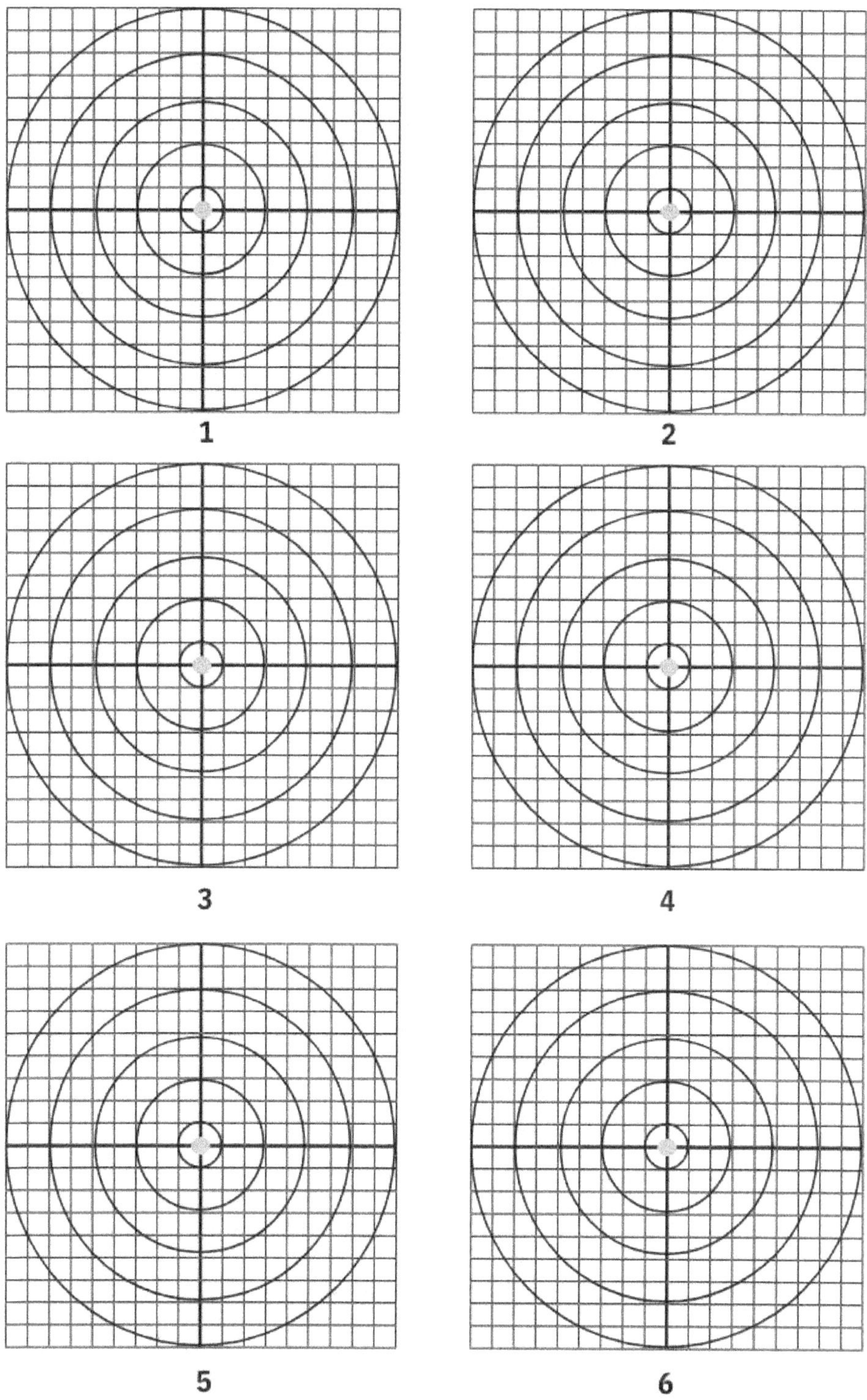

Den perfekte gaveideen for nybegynnere og profesjonelle

Dataloggbok for sportsskyting

📅 Dato: _________________   🕐 Tid: _________

📍 Plassering: _____________________________

Værforhold

☀ ☁ ⛅ ☁ ☔ ❄ 🚩 🌡
☐ ☐ ☐ ☐ ☐ ☐ ___ ___

Skytevåpen:	
Kule:	Sittedybde:
Pulver:	Korn:
Primer:	
Messing:	
Avstand:	

Generelle resultater

☐ Dårlig   ☐ Rettferdig   ☐ Flink   ☐ Utmerket

Ytterligere merknader

____

____

____

☆ ☆ ☆ ☆ ☆

Den perfekte gaveideen for nybegynnere og profesjonelle

Dataloggbok for sportsskyting

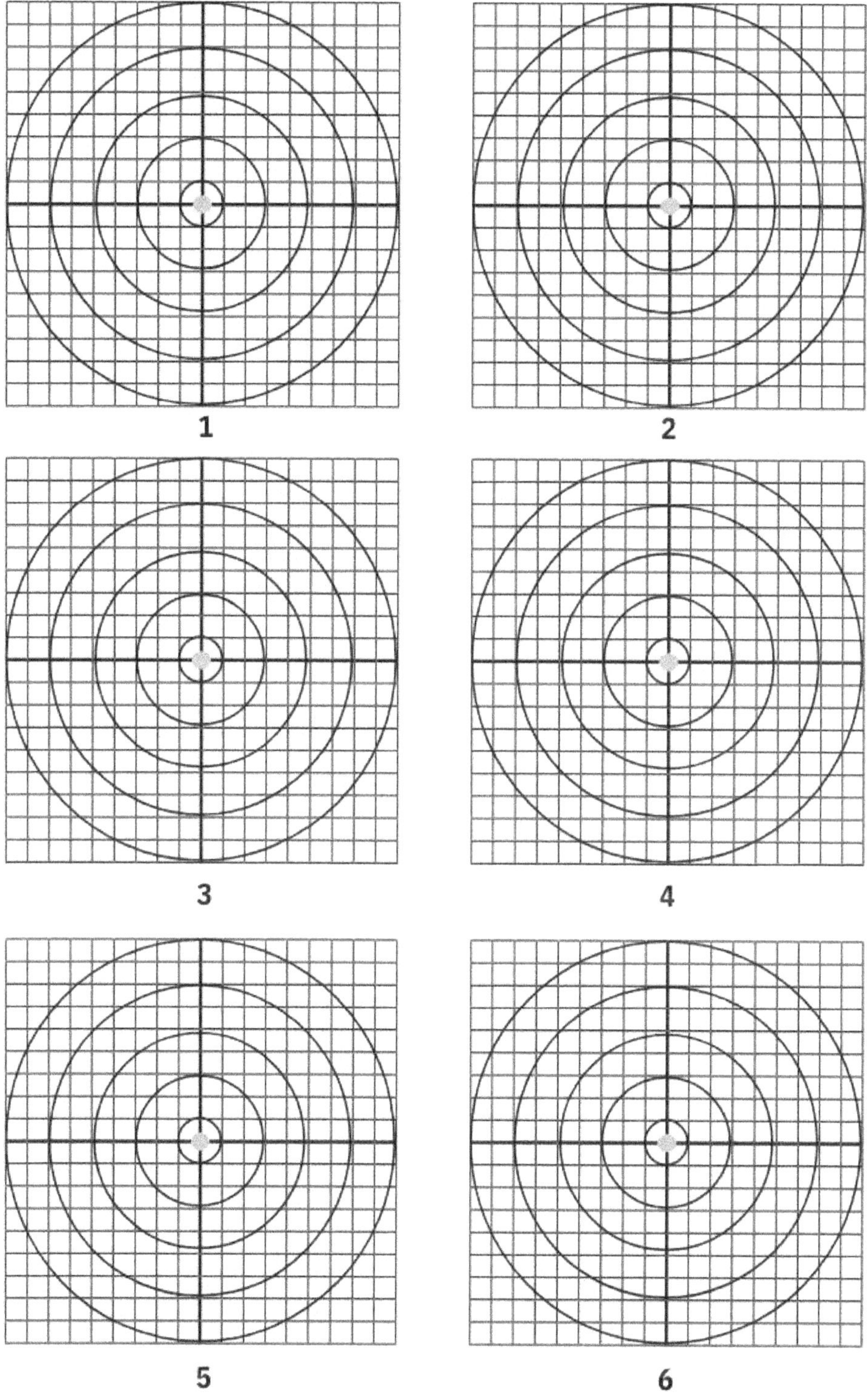

Den perfekte gaveideen for nybegynnere og profesjonelle

Dataloggbok for sportsskyting

📅 Dato: _________________ 🕐 Tid: _________

📍 Plassering: _____________________________

Værforhold

☐　　☐　　☐　　☐　　☐　　☐　　▷ ____　　🌡 ____

Skytevåpen:	
Kule:	Sittedybde:
Pulver:	Korn:
Primer:	
Messing:	
Avstand:	

Generelle resultater

☐ Dårlig　☐ Rettferdig　☐ Flink　☐ Utmerket

Ytterligere merknader

____

____

☆ ☆ ☆ ☆ ☆

Den perfekte gaveideen for nybegynnere og profesjonelle

Dataloggbok for sportsskyting

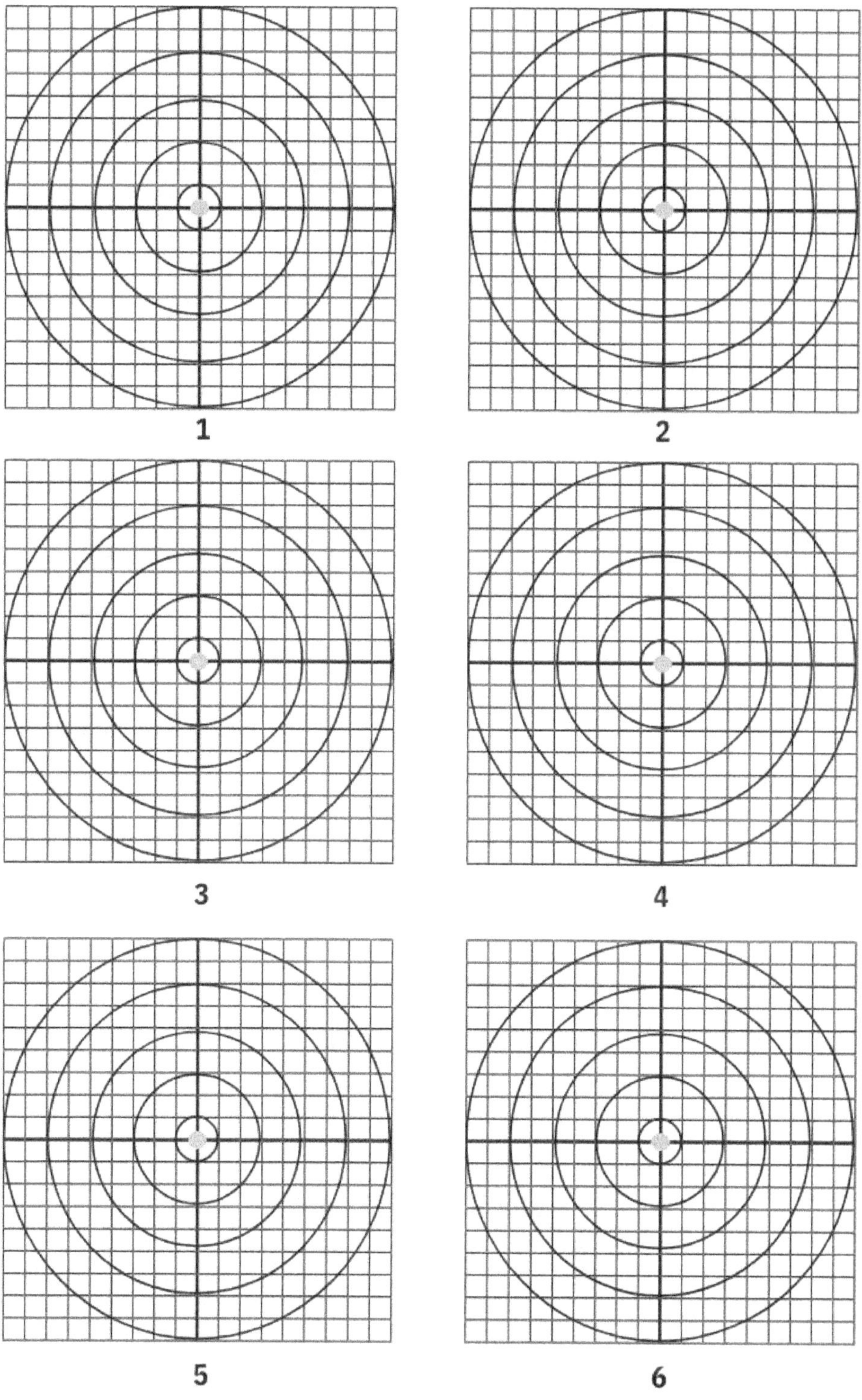

Den perfekte gaveideen for nybegynnere og profesjonelle

Dataloggbok for sportsskyting

📅 Dato: _________________________   🕐 Tid: _____________

📍 Plassering: _______________________________________

Værforhold

☀️ ☁️ 🌤️ 🌦️ 🌧️ 🌨️ 🚩 🌡️
☐   ☐   ☐   ☐   ☐   ☐   _____   _____

Skytevåpen:	
Kule:	Sittedybde:
Pulver:	Korn:
Primer:	
Messing:	
Avstand:	

Generelle resultater

☐ Dårlig   ☐ Rettferdig   ☐ Flink   ☐ Utmerket

Ytterligere merknader

____

____

____

☆ ☆ ☆ ☆ ☆

Den perfekte gaveideen for nybegynnere og profesjonelle

Dataloggbok for sportsskyting

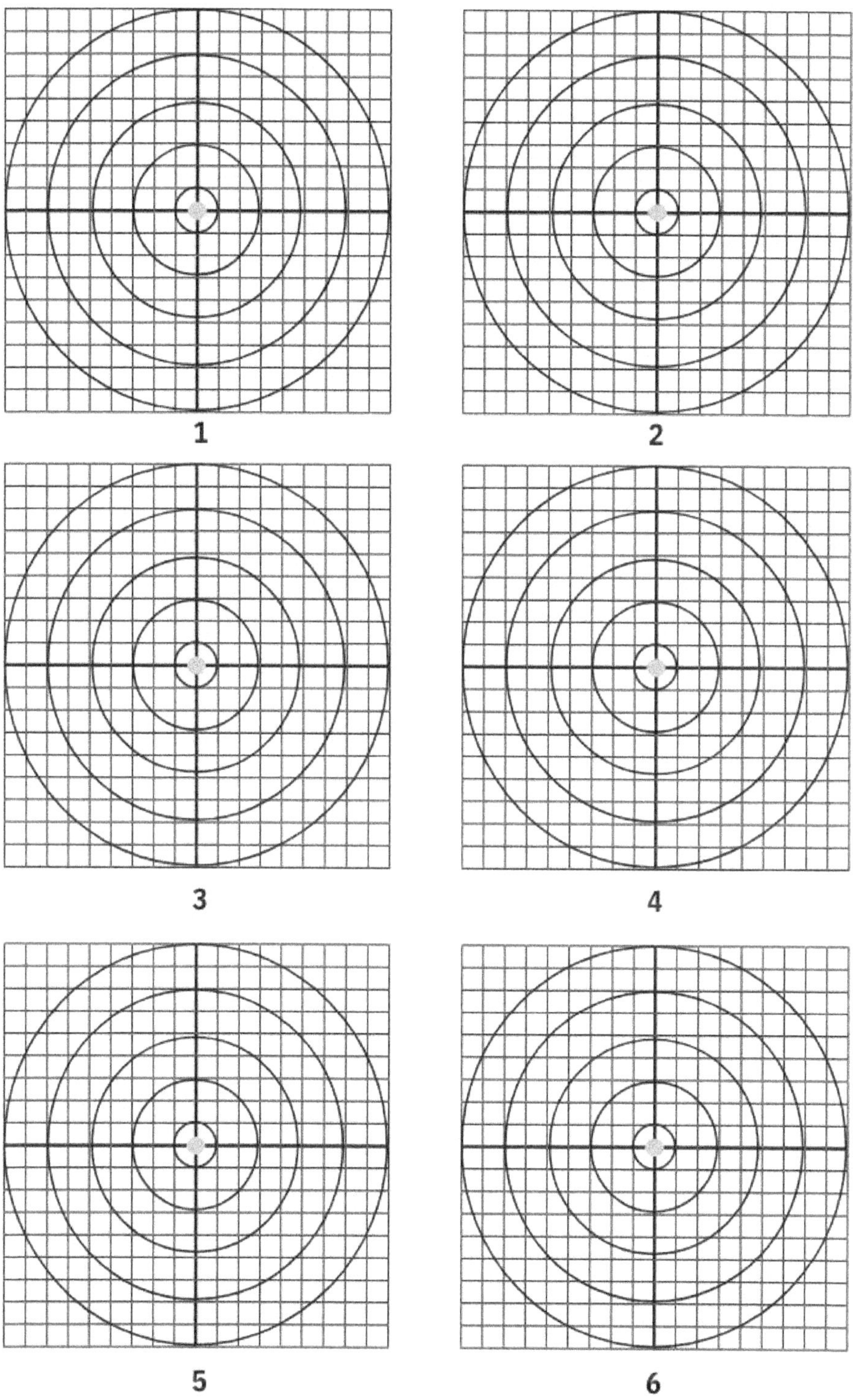

Den perfekte gaveideen for nybegynnere og profesjonelle

Dataloggbok for sportsskyting

📅 Dato: _________________________ 🕐 Tid: _____________

📍 Plassering: ____

Værforhold

☀ ☁ ⛅ 🌦 🌧 🌨 🚩 🌡
☐ ☐ ☐ ☐ ☐ ☐ _______ _______

Skytevåpen:	
Kule:	Sittedybde:
Pulver:	Korn:
Primer:	
Messing:	
Avstand:	

Generelle resultater

☐ Dårlig   ☐ Rettferdig   ☐ Flink   ☐ Utmerket

Ytterligere merknader

____

____

____

☆ ☆ ☆ ☆ ☆

Den perfekte gaveideen for nybegynnere og profesjonelle

Dataloggbok for sportsskyting

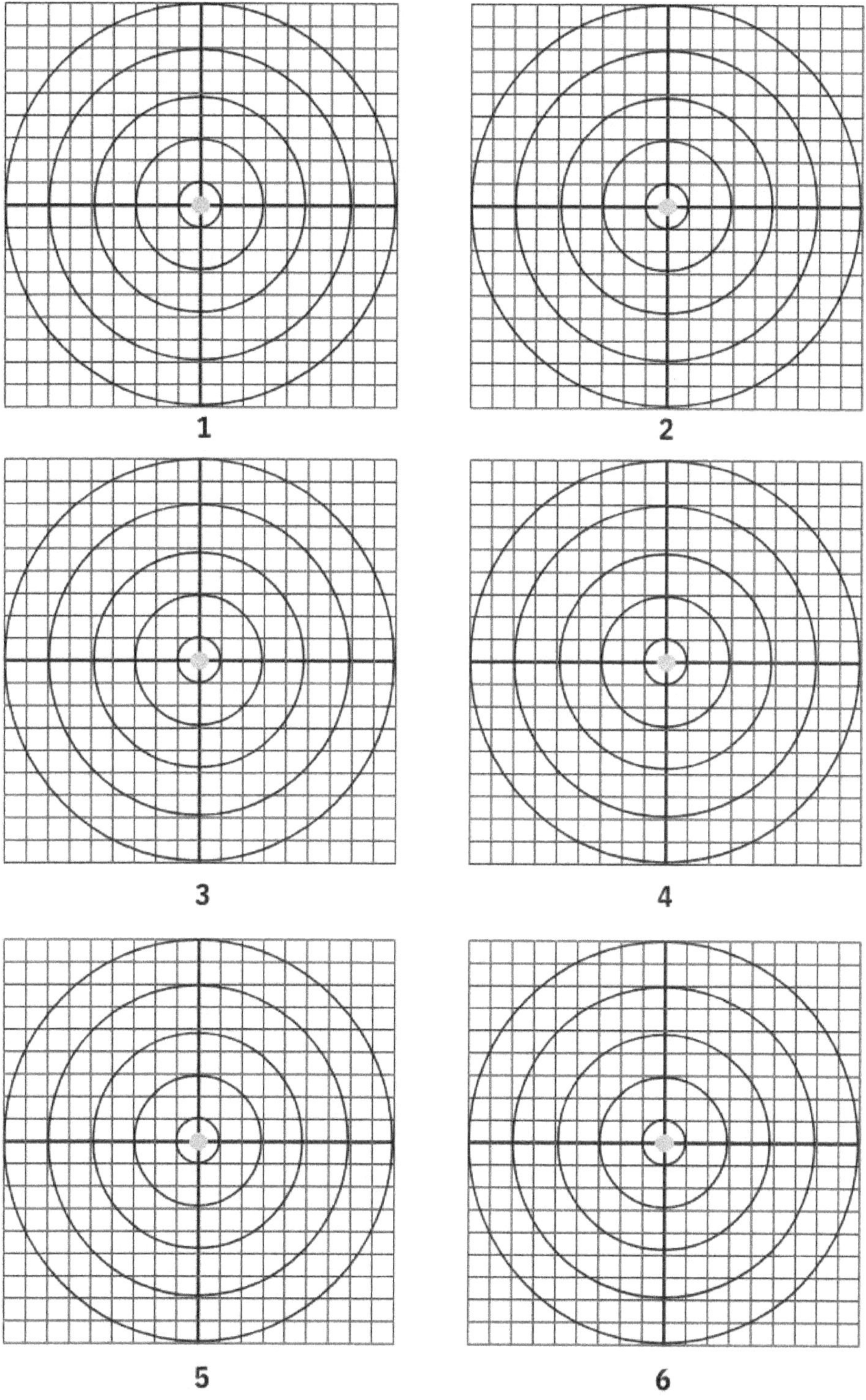

Den perfekte gaveideen for nybegynnere og profesjonelle

Dataloggbok for sportsskyting

📅 Dato: _______________________ 🕐 Tid: __________

📍 Plassering: ______________________________________

Værforhold

☀ ☁ ⛅ 🌦 🌧 🌨 🏴 🌡
☐   ☐   ☐   ☐   ☐   ☐

Skytevåpen:	
Kule:	Sittedybde:
Pulver:	Korn:
Primer:	
Messing:	
Avstand:	

Generelle resultater

☐ Dårlig   ☐ Rettferdig   ☐ Flink   ☐ Utmerket

Ytterligere merknader

____

____

☆ ☆ ☆ ☆ ☆

Den perfekte gaveideen før nybegynnere og profesjonelle

Dataloggbok for sportsskyting

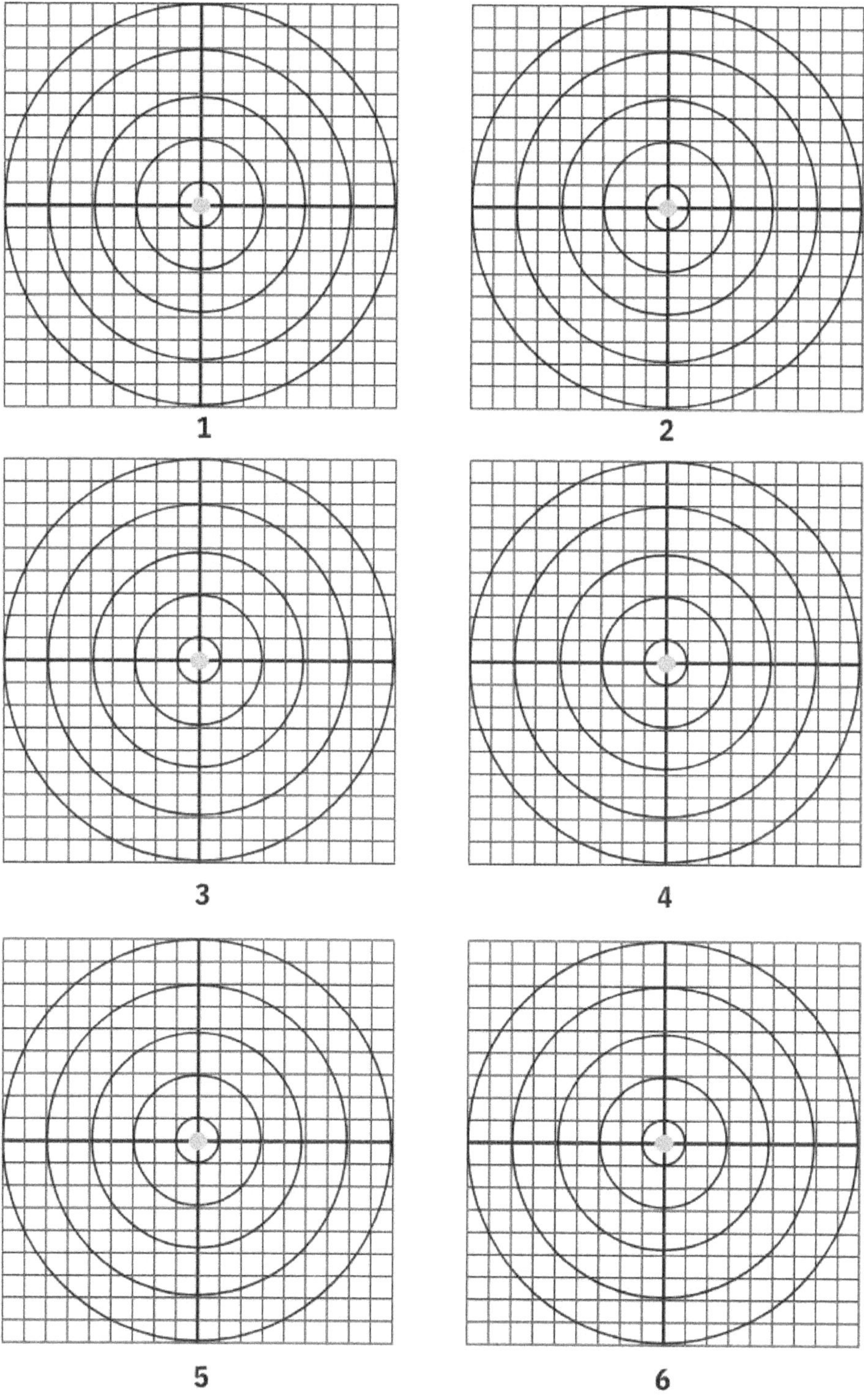

Den perfekte gaveideen for nybegynnere og profesjonelle